Stefan Winckler

Kleines Aschaffenburg-ABC

Husum

Das bayerische Nizza

Wer ist nicht schon einmal auf der Autobahn A 3 an Aschaffenburg vorbeigefahren, wer hat das „bayerische Nizza" (König Ludwig I.) nicht schon im ICE durchquert? Dieses Buch will die 70 000-Einwohner-Stadt am Untermain mit ihren liebenswürdigen Eigenheiten, sehenswerten Gebäuden und Gärten, Familien und Persönlichkeiten etwas genauer vorstellen. Auch Wirtschaft und Wissenschaft kommen vor. Der Blick auf Aschaffenburg lohnt sich: Es mangelt nicht an Sehenswürdigkeiten. Naherholung im →*Spessart* (dem größten zusammenhängenden Waldgebiet Deutschlands) und Odenwald bietet sich an. Die Großstädte Frankfurt, Wiesbaden und Würzburg mit ihren kulturellen, wissenschaftlichen und wirtschaftlichen Anziehungspunkten sind rasch über die Autobahn A 3 zu erreichen. Der Flughafen Frankfurt ist nur 43 Kilometer entfernt.

Der Kaufkraftindex pro Person lag in Aschaffenburg im Jahr 2019 bei 106,8 (Deutschland: 100), kaum verändert gegenüber den Vorjahren. Die Kaufkraft des durchschnittlichen Aschaffenburgers liegt damit leicht hinter den Pro-Kopf-Werten für Mainz und Darmstadt, aber weit vor dem Wert für Offenbach (90!). Zum Stichtag 30.6.2018 kamen 32 663 Pendler in die Stadt, während 15 039 zur Arbeit außerhalb der Stadtgrenze fuhren. Laut dem Zukunftsatlas 2019 der Prognos AG ist der Wohnungsmarkt in der Stadt Aschaffenburg entspannt – ohne Wohnungsbaulücke. Mehr als beachtlich sind Rang 37 in Sachen Arbeitsmarkt, Rang 39 bezüglich Wettbewerb und Rang 28 in Bezug auf die gegenwärtige Stärke des Standorts. Insgesamt sieht die Prognos AG „sehr hohe Chancen" für Aschaffenburg: Rang 42 von 401 kreisfreien Städten und Landkreisen in Deutschland! Die Geschichte Aschaffenburgs reicht weit in das erste Jahrtausend zurück. Unstrittig ist eine alemannische Besiedlung bereits in der Völkerwanderungszeit. Ein karolingischer Königshof existierte höchstwahrscheinlich auf dem Badberg zwischen Löherstraße und →*Stiftskirche*. Fernstraßen und der →*Main* als Schifffahrtsweg begünstigten die Entwicklung. Das Kollegiatstift (eine Priestergemeinschaft) geht auf Liudolf von Schwaben, einen Sohn Ottos des Großen, zurück (um 950). Herzog Otto, der Neffe Kaiser Ottos II., soll die Stadt Aschaffenburg gegründet haben, jedenfalls nach der ersten urkundlichen Erwähnung von 974. Fest steht, dass Otto den Ort 982 an das Erzbistum Mainz vererbte. Im Jahr 1161 erhielt Aschaffenburg Stadtrechte. 1331 werden erstmals ein Bürgermeister und ein Stadtrat offiziell erwähnt. Dass Aschaffenburg nicht ganz unbedeutend war, zeigte sich 1447, als der habsburgische Kaiser Friedrich III. einen Reichstag in die Stadt einberief. Mit Blick auf die Kunst war Kurfürst Albrecht von Brandenburg weit bedeutsamer als seine Vorgänger: Er zog Matthias Grünewald und Lucas Cranach den Älteren heran (Stiftskirche, →*Stiftsmuseum*), bedachte aber auch Albrecht Dürer mit Aufträgen. Einen Einschnitt – Verlust von Privilegien – brachte zur gleichen Zeit der Bauernkrieg 1525. Verheerend wirkte eine Pestepidemie wenige Jahre später.

Im Markgrafenkrieg 1552 wurde die Burg (deren Bergfried innerhalb der Schlossanlage erhalten ist) weitgehend zerstört.

Erst 1605 gab der Mainzer Kurfürst Johann Schweikhard von Kronberg eine neue Residenz in Auftrag:

→*Schloss Johannisburg*. Einer erneuten Zerstörung entging die Stadt nur gegen eine Tributzahlung von 8000 Reichstalern an den schwedischen König Gustav II. Adolf. Nach vier Jahren war die schwedische Verwaltung wieder zu Ende. Im Verlauf des Krieges hatten französische, kaiserliche, schwedische, spanische und bayerische Truppen die Stadt in Besitz genommen. Es dauerte lange, bis die Folgen dieser umfassenden mitteleuropäischen Selbstzerfleischung behoben waren. So wurde die Vorkriegs-Zahl von 3000 Einwohnern erst 100 Jahre später wieder erreicht.

1792 floh der Mainzer Kurfürst Friedrich Karl Joseph von Erthal vom Rhein an den Main – Aschaffenburg wurde Hauptresidenz (endgültig 1794), nachdem Mainz in den Revolutionskriegen an Frankreich gefallen war. Aschaffenburg hatte seinerzeit etwa 5500 Einwohner. Erthals Nachfolger Karl Theodor von →*Dalberg* war das Oberhaupt eines napoleonisch dominierten, aufgeklärten kleinen Staates, bis Aschaffenburg 1814 an das Königreich →*Bayern* fiel. Damit endete der Stift, die Stiftskirche wurde zu einer Pfarrkirche, zum Sitz des Dekanats.

Einzug der Schweden in Aschaffenburg während des Dreißigjährigen Krieges, Stich von Matthäus Merian 1646

Besonders König Ludwig I. (1825–1848), der Bauherr des →*Pompejanums*, hielt sich gerne in der Stadt auf. Nach langen Friedensjahren kam es in Aschaffenburg im Deutschen Krieg 1866 zu Gefechten zwischen Preußen und Österreichern. Die zum größten Teil katholische Bevölkerung fühlte sich eher mit Österreich verbunden, was sich aber ab 1871 schnell ändern sollte. Die Einwohnerzahl belief sich 1871 auf 9212, von denen aber nur die Inhaber des Bürgerrechts wählen durften: ganze 721 Männer. Stärkste Parteien in der Stadt vor 1918 waren das Zentrum und (mit abnehmender Tendenz) die Liberalen, nach 1918 die „schwarze" Bayerische Volkspartei. Es gelang der NSDAP nicht einmal in der eingeschränkt freien März-

der Main.

wahl 1933, stimmenstärkste Partei zu werden (34,7 Prozent vs. 43,9 Prozent reichsweit).

Der Zweite Weltkrieg war auch für Aschaffenburg katastrophal. Kein Geringerer als US-Kriegsminister Henry Stimson bezeichnete auf seiner wöchentlichen Pressekonferenz kurz nach der Kapitulation der „Festung Aschaffenburg" (3.4.1945) die Zerstörung der Stadt als Folge sinnlosen Widerstands, die Deutschen sollten eine Lehre daraus ziehen und den Krieg beenden.

Der Wiederaufbau kam nach einer außerordentlich schnellen Trümmerbeseitigung in Gang. Schon bis Weihnachten 1945 waren 100 000 Kubikmeter Schutt geräumt: 30 Prozent des geschätzten Trümmer-Volumens. Selbst das sehr stark zerstörte Schloss konnte knapp 20 Jahre später äußerlich perfekt rekonstruiert werden. Politischer Radikalismus seitens der NPD und der neuen Linken hielt sich in sehr engen Grenzen, verglichen mit anderen bundesdeutschen Städten. Für politische Stabilität und überzeugende Amtsinhaber spricht, dass Aschaffenburg zwischen 1946 und 2020 nur drei Oberbürgermeister erlebt hat: Vinzenz Schwind (CSU, später parteilos), Willi Reiland (SPD) und Klaus Herzog (SPD). Sie erzielten riesige Mehrheiten in den OB-Direktwahlen, während die CSU bei allen anderen Wahlen die meisten Stimmen auf sich vereinigte.

Altstadt

Die Aschaffenburger Altstadt auf dem Stiftsberg erstreckt sich zwischen Schlossplatz und →*Stiftskirche*/Dalbergstraße sowie zwischen Webergasse und Pfaffengasse. Kennzeichnend sind einzigartige Fachwerkhäuser, in denen sich zahlreiche Restaurants und Bistros befinden, autofreie verträumte Gassen und einige Kirchen. Laternen im Biedermeier-Stil sind an den Häusern angebracht. Der Stadtkern entwickelt so seinen ganz eigenen, romantischen und mitunter frühzeitlichen Charme.

Die Altstadt Aschaffenburgs wartet mit vielfältigen Sehenswürdigkeiten auf, unter denen sich sehr viele Baudenkmäler finden lassen. So sind die historischen Fachwerkhäuser in der Metzgergasse, der Kleinen Metzgergasse und der Dalbergstraße zu nennen.

Ein prächtiges Fachwerkhaus, das 1944 vernichtet und 1995 wieder aufgebaut wurde, ist die →*Löwenapotheke* auf dem Stiftsplatz. Der neugotische Stiftsbrunnen, im Krieg zerstört, wurde 1998 wieder aufgestellt. So ist wieder ein ansehnliches Ensemble am Stiftsplatz mit der Stiftsbasi-

Der Herstallturm ist einer der spärlichen letzten Reste der mittelalterlichen Stadtbefestigung.

lika, dem Stiftsbrunnen, dem →*Stiftsmuseum* und der Löwenapotheke entstanden.

Im Herzen der Altstadt steht ein weiteres geschichtsträchtiges Gebäude: die Pfarrkirche „Unsere Liebe Frau", häufig nur „Muttergottespfarrkirche" genannt, mit der Hauptfassade zur Schlossgasse. Die Kirche stammt noch aus dem 12. Jahrhundert und ist damit die älteste Pfarrkirche Aschaffenburgs. 1772 erhielt ihr Hauptaltar eine

Blick in die Metzgergasse von der Dalbergstraße aus. Links das nach dem Wahrzeichen der Stadt benannte Restaurant →Maulaff und rechts der Golden Harp Irish Pub

![Blick in die Metzgergasse]

besonders prächtige Baldachinanlage, die das Kernstück des Kirchenraumes bildet.

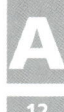

Neben der Pfarrkirche liegt das →*Theater* samt Theaterplatz, auf dem sich eine der größten Sonnenuhren

Die Altstadt besticht mit schönen alten Fachwerkhäusern, hier die Kleine Metzgergasse

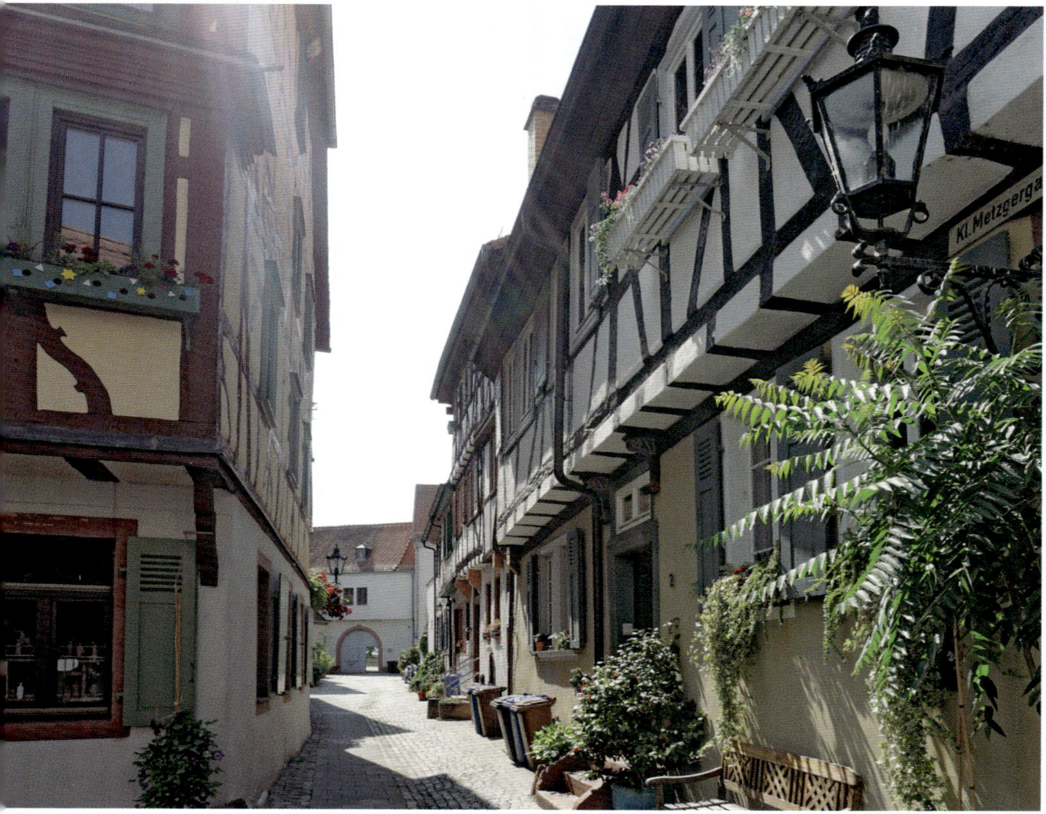

Deutschlands befindet. Direkt gegenüber dem Theaterplatz liegt das →*Rathaus.* Nur wenige Meter läuft man vom Theater in Richtung Schlossplatz, um zum voraussichtlich Ende 2020 eröffnenden Christian Schad Museum (→*Künstler der Moderne*) oder zur Kunsthalle →*Jesuitenkirche* zu gelangen.

Wer sich bei oder nach dem Stadtbummel zur Rast ins Grüne zurückziehen möchte kann dies etwa in dem zentral gelegenen →*Park Schöntal* tun oder einen Abstecher an das Ufer des →*Mains* machen. Auf dem Weg

Pub „Krokodil" in der Dalbergstraße

Kirche Zu Unserer Lieben Frau (Muttergotteskirche) in der Altstadt ist die älteste Pfarrkiche Aschaffenburgs.

zum Schöntal kommt man auch an der Wallfahrtskirche Mariä Heimsuchung, umgangssprachlich „Sandkirche", vorbei. Sie wurde im Zweiten Weltkrieg kaum beschädigt, sodass man in ihrem Inneren z. B. noch einen Hochaltar im Rokokostil aus Stuckmarmor bewundern kann.

Nahe der Altstadt gelegene Hotels sind das Hotel Wilder Mann und das Hotel Dalberg (→*Hotels und Tourismus*).

Altstadtfriedhof

Der Altstadtfriedhof am Güterberg in der östlichen Innenstadt ist einer von neun Friedhöfen – und zugleich der älteste, umfangreichste und bedeutendste in der Stadt.

Dieser Gottesacker ist 211 Jahre alt. Im Jahre 1948 beschloss der Stadtrat, den Altstadtfriedhof zugunsten des ebenfalls sehr ausgedehnten, am Stadtrand in →*Leider* gelegenen Waldfriedhofs zu schließen. Gräber wurden daher nicht mehr vergeben. 1984 wurde diese Entscheidung revidiert. Dies geschah auch mit Blick auf seine Rolle als Kulturdenkmal und wegen seiner historischen Bedeutung als Grabstätte bedeutender Persönlichkeiten. Seitdem sind hier wieder Bestattungen möglich.

Der Altstadtfriedhof erstreckt sich auf einer Fläche von etwa 36 000 Quadratmetern. Dort ruhen etwa 5000 Verstorbene, darunter die Familien →*Dessauer*, Alzheimer (aber nicht der bekannte Dr. Alois Alzheimer), die Stadtoberhäupter Friedrich Ritter von Medicus und Wilhelm Matt sowie die

Familiengrab Reinhardt (19. Jahrhundert)

Familiengrab Alzheimer

Grab Carl Freiherr von Mergenbaum († 1845)

Familie →*Brentano*. Ehrengräber sind darüber hinaus Wohltätern, Schriftstellern, Wissenschaftlern und Unternehmern gewidmet. Auffallend ist beispielsweise das von einem großen Blumenbeet umrahmte hoch aufragende Grabmal für den Freiherrn von Mergenbaum, nahe dem Brentano-grab am Haupteingang gelegen. Der Adlige, ein Mitarbeiter →*Dalbergs*, war als Gutsbesitzer und Wohltäter von Relevanz.

Von künstlerischem Reiz sind insbesondere die teilweise prächtigen Grabdenkmäler aus dem 19. Jahrhundert im Stil des Klassizismus, Historis-

Jüdischer Friedhof

Kriegsgräberstätte

Taharahaus

mus, Jugendstil und der Neugotik. Zu beachten ist die Kriegsgräberstätte mit Gräbern von Gefallenen des Ersten und Zweiten Weltkriegs sowie der Kämpfe von 1866 und 1870. Von den Säulen am Eingang geht der Blick zur Christusstatue auf einem Sarkophag.

Die Bombenangriffe des Zweiten Weltkriegs zogen den Friedhof, insbesondere auch das Leichenhaus, in Mitleidenschaft. Dieses Gebäude, 1913 im Jugendstil errichtet, wurde bis 1991 wieder aufgebaut.

An den Altstadtfriedhof grenzt ein jüdischer Friedhof mit Taharahaus an.

Aschaff

Aschaffenburg leitet seinen Namen von dem Bach Aschaff ab. Auch die Gemeinden Waldaschaff östlich und Mainaschaff westlich von Aschaffenburg haben „Aschaff" als Namensbestandteil. „Aschaff" bedeutet „Eschenwasser", von althochdeutsch ascafa (Esche) und ap (Wasser). Demnach wuchsen an seinem Ufer Eschen.

Im Hochspessart bei Weibersbrunn vereinigen sich Autenbach und Kleinaschaff zur Aschaff. Nach weiteren 17 Kilometern mündet die Aschaff in den →Main. Die Wasserführung ist Kahl und Gersprenz ähnlich: Bei Aschaffenburg beträgt die Wasserführung knapp 1,5 Kubikmeter in der Sekunde.

Von wirtschaftlicher Bedeutung waren traditionell die Mühlen, die seit dem Mittelalter an der Aschaff errichtet wurden – im heutigen Stadtteil →Damm. In späteren Jahren siedelten sich an der Aschaff Gewerbebetriebe an, wie die Steingutfabrik und die Buntpapierfabrik in der Dorfstraße (später: Letron, heute: Impress). Tatsächlich war die Einleitung von Abwässern in die Aschaff lange Zeit ein sichtbares Zeichen für Umweltverschmutzung durch die Industrie. Dies ist mittlerweile korrigiert. Laut Angaben des Fischereiverbands Unterfranken e. V. vom 8.4.2018 sind in der Aschaff 13 Fischarten nachgewiesen: Bachforelle, Bachneunauge, Bachschmerle, Brachse, Elritze, Gründling, Hasel, Hecht, Laube, Mühlkoppe, Nase, Rotauge und Schied.

Bayern

Von Aschaffenburg nach München sind es 300 Kilometer (Luftlinie). Viel näher liegen Wiesbaden, Stuttgart, sogar Düsseldorf. Was also verbindet Aschaffenburg mit Bayern, speziell mit Altbayern?

Auf den ersten Blick ist es wenig: der Dialekt (bekannt durch den Kabarettisten Urban Priol) ist eher südhessisch, die „Leut'" nennen ihre Stadt „Aschebersch". Genau genommen handelt es sich um die rheinfränkisch-hessische Mundart. Die Verkehrsanbindung an das unmittelbar angrenzende Rhein-Main-Gebiet ist geradezu perfekt. Dennoch gibt es keine Initiative, Bayern an Hessen anzugliedern, zumal sich die Aschaffenburger in Bayern wohlfühlen – trotz liebevollem Spott übereinander auf beiden Seiten: „Frei statt Bayern!" (Wahlplakat, Groß-Umstadt), hört man schon mal im Hessischen, wenn es um die angeblichen „Bauern" (alias Bayern) geht.

Der Anschluss Aschaffenburgs an Bayern liegt etwa 200 Jahre zurück. Bayern (damals noch mit ai statt ay geschrieben) war während der Bonaparte-Jahre ein treuer Verbündeter Frankreichs. Der Kaiser in Paris erhob das Kurfürstentum Baiern zum Königreich und sorgte für seine Erweiterung um Teile Frankens. Als der Stern des Franzosen zu sinken begann, wechselte Bayern die Fronten und besetzte 1813 das napoleontreue Großherzogtum Frankfurt, das mit seiner Residenz Aschaffenburg und dem Landesherrn Karl Theodor von →*Dalberg* aus dem rechtsrheinischen Teil des alten →*Kurfürstentums Mainz* hervorgegangen war. Im Zuge der Neuordnung Europas auf dem Wiener Kongress 1814 musste Bayern das rebellische Tirol an Österreich abgeben und erhielt als Entschädigung Aschaffenburg und sein Hinterland, den →*Spessart*. Statt Mainz ist seitdem Würzburg die Bischofsstadt der weitgehend katholischen Aschaffenburger.

Es war insbesondere Ludwig I. (1786–1868), der sich schon als Kronprinz gerne in Aschaffenburg aufhielt und sich um die Einbindung der Aschaffenburger in das Königreich Bayern bemühte. Ludwig schätzte das milde Klima, das ihn an sein geliebtes Italien erinnerte. Nach der Revolution 1918 blieben die Aschaffenburger weiterhin gerne bayerisch, was sich in den eindeutigen Wahlergebnissen für die konservative Bayerische Volkspartei und später die CSU zeigte. Seit Jahrzehnten ist mindestens ein Aschaffenburger in der bayerischen Staatsregierung vertreten – derzeit Digitalisierungsministerin Judith Gerlach, zuvor die Justizminister Winfried Bausback und Hermann Leeb. Umwelt- und Kultusminister a. D. Thomas Goppel ist in Aschaffenburg geboren und aufgewachsen. Sein Vater Alfons Goppel, Landrat und dann stellvertretender Oberbürgermeister Aschaffenburgs, verlor 1957 die OB-Wahl, doch siegte er fünf Jahre später bei den bayerischen Landtagswahlen. Für nicht weniger als 16 Jahre amtierte er bis 1978 als Ministerpräsident. Goppel verstarb 1991

in Johannesberg bei Aschaffenburg. Zu den Leistungen zentraler bayerischer Behörden für Aschaffenburg gehört der Wiederaufbau von →*Schloss* und →*Pompejanum* sowie der Aufstieg der zunächst unselbstständigen FH zur →*Technischen Hochschule* für angewandte Wissenschaften.

Bayerische Präsenz in Aschaffenburg: Der Ludwigsbrunnen auf der Großmutterwiese, 1897 eingeweiht, ehrt König Ludwig I.

Brentano

Die Familie Brentano stammt ursprünglich vom Comer See, wo sie seit 1282 urkundlich belegt ist. Sie wird dem lombardischen Uradel zugerechnet. Mitglieder verschiedener Linien der Brentanos ließen sich im 17. Jahrhundert in Frankfurt a. M. nieder, um mit italienischen Importwaren wie Weinen, Gewürzen und Früchten zu handeln. Pietro Antonio aus der Linie Brentano di Tremezzo zählte zu den erfolgreichsten Großkaufleuten im Frankfurt des 18. Jahrhunderts. Einer seiner Söhne aus zweiter Ehe mit Maximiliane von La Roche, einer Freundin von Goethe, wurde zum bekanntesten Vertreter der Dynastie: der Dichter Clemens Brentano (Ehrenbreitstein 1778 – Aschaffenburg

Grab der Brentanos

1842). Er gilt als ein Hauptvertreter der sogenannten Heidelberger Romantik. Von ihm stammen Märchen, wie etwa „Gockel, Hinkel und Gackeleia" (1838), und andere Erzählungen, Gedichte, Dramen, geistliche Schriften. Zu seinen bekanntesten Gedichten gehört die berühmte Loreley-Ballade „Zu Bacharach am Rheine" (1801).

Zusammen mit seinem späteren Schwager Achim von Arnim sammelte er 723 Volkslieder, die sie unter dem Titel „Des Knaben Wunderhorn" herausgaben. Damit bewies er Vielseitigkeit in Inhalt und Form. Clemens Brentano kam erst als Schwerkranker drei Wochen vor seinem Tode nach Aschaffenburg, wo er im Hause seines Bruders Christian in der Kleinen Metzgergasse nahe der Dalbergstraße starb. Das Gebäude wurde im Zweiten Weltkrieg schwer beschädigt, geplündert und ab 1952 wieder aufgebaut. Nach Clemens sind die Brentanostraße und der Brentanoplatz benannt.

Christian Brentano (Frankfurt 1784 – Aschaffenburg 1851), Dichter, Publizist und talentierter Zeichner, wandte sich der katholischen Theologie zu, lebte zeitweise in Rom, um anschließend die Leitung des Klosters Marienberg bei

Clemens Brentano, gemalt von Emilie Linder (ca. 1837)

Boppard zu übernehmen. Die katholikenfeindliche Einstellung der preußischen Regierung, interner Streit und die ihm nachgesagte Vernachlässigung des Klosters erzwangen den Verkauf und veranlassten ihn, in die Nähe seiner Schwester Ludovica nach Aschaffenburg überzusiedeln (1838). Christian wurde von seinem Bruder Clemens als Universalerbe eingesetzt.

Ludovica Brentano (Frankfurt 1787 – Würzburg 1854), später Freifrau von des Bordes, war zuletzt Herrin des in der Nähe von Aschaffenburg gelegenen Schlosses Wasserlos. Auch sie war schriftstellerisch tätig und unterstützte darüber hinaus finanziell die Brüder Grimm. Zwar starb sie in Würzburg, wurde jedoch in der Familiengruft der Brentanos in Aschaffenburg beigesetzt.

Christian Brentanos Sohn Franz (Kloster Marienberg 1838 – Zürich 1917) wuchs im bildungsbürgerlichen Elternhaus in Aschaffenburg auf, wo er an seiner vielseitigen Begabung feilen konnte: Zeichnen, Gesang, Schach, Literaturkenntnis. Er entschied sich für ein Studium der Philosophie – seine Leitfigur war Aristoteles – und der Theologie. Zwar wurde er 1864 zum katholischen Priester geweiht, jedoch wollte er verschiedene Dogmen aus dem Pontifikat Pius IX. (Unfehlbarkeit!) nicht akzeptieren und wandte sich letztlich sowohl von der Berufung als Priester als auch vom Christentum selbst ab. Fortan wirkte er als Professor und Privatdozent für Philosophie in Wien. Franz war der Begründer der Aktpsychologie. Seine Schüler waren u. a. Reichskanzler Graf Hertling, Edmund Husserl, Sigmund Freud und Tomáš G. Masaryk. Auch hatte sein Werk einen großen Einfluss auf den jungen Martin Heidegger. Auf Wunsch der Familie wurde sein in Zürich begrabener Leichnam 1953 exhumiert, eingeäschert und in einer Urne in der Aschaffenburger Familiengruft beigesetzt.

Ein weiterer Sohn Christians und der jüngere Bruder von Franz war Ludwig Joseph, genannt Lujo (Aschaffenburg 1844 – München 1931). Er wurde von dem Aschaffenburger Hofbibliothekar Prof. Joseph Merkel in seiner geistigen Entwicklung maßgeblich geprägt. Er besuchte ein Internat in Augsburg, und studierte Philosophie, Rechts- und Staatswissenschaften. Als Professor für Volkswirtschaftslehre in München setzte sich Lujo dafür ein, die weltanschaulich unterschiedlichen Gewerkschaften unter einem Dachverband zu vereinen, damit sie mit einer ungeteilten Stimme gegenüber dem Arbeitgeberverband auftreten konnten. Mit Fachkollegen gründete

Im Schönborner Hof befindet sich das Stadt- und Stiftsarchiv Aschaffenburg.

er den „Verein für Socialpolitik". Deswegen galt er, der Anhänger des Freihandels, trotz seiner marktwirtschaftlichen Prinzipien als „Kathedersozialist". Darüber hinaus favorisierte er einen Verständigungsfrieden im Ersten Weltkrieg und eine Demokratisierung des Preußischen Wahlrechts. Ein prominenter Schüler war Theodor Heuss. Der Hauptteil von Lujos Nachlass befindet sich im Bundesarchiv Koblenz.

Alle genannten Mitglieder der Familie Brentano sind auf dem →*Altstadtfriedhof* in Aschaffenburg in einem Familiengrab bestattet. Das Familienarchiv befindet sich im Stadt- und Stiftsarchiv Aschaffenburg. Weiteres Material findet sich im Freien Deutschen Hochstift in Frankfurt am Main.

Carillon

Täglich um 9.05 Uhr, 12.05 Uhr und 17.05 Uhr ertönt ein Glockenspiel, das automatisch durch die Uhr von →Schloss Johannisburg ausgelöst wird. Die schwerste der 48 Glocken wiegt 271 und die leichteste zehn Kilogramm.

Es handelt sich aber um weit mehr als eine Sammlung von Glocken. Vielmehr befindet sich schon seit 50 Jahren im Ostturm des Schlosses, in 62 Metern Höhe, ein Carillon: ein Tasteninstrument, das fest montierte Glocken zum Klingen bringt. Die Klöppel werden durch Drähte an die Glocken gezogen, durch Rückzugsfedern kehren sie wie-

Das Carillon befindet sich in 62 m Höhe

der zurück. Über ein Wellenbrett wird der Draht zum Spieltisch geleitet. „Der Carilloneur an der Hebelklaviatur drückt mit geschlossenen Händen die Stocktasten und mit seinen Füßen die Pedale. Er kann mehrere Tasten mit einer Hand greifen. Da ein Carillon keinerlei Dämpfer hat, klingen die Glocken, je nach Größe und Stärke des Anschlages, lang oder kurz nach. Diese Eigenschaft des Instrumentes ermöglicht viele ausschließlich auf Carillons erzeugbare Effekte. Darin besteht der eigentliche Reiz dieses Instrumentes, der ein unverwechselbares Klangbild entstehen lässt. 36 Glocken sind auch automatisch mittels einer Computersteuerung spielbar", so das städtische Kulturamt auf kunstundcarillon.de.

An jedem ersten Sonntag im Monat wird während des Sommerhalbjahres ein kostenloses, einstündiges Carillonkonzert im Schlosshof geboten. Carillonfestspiele mit verschiedenen Carillonisten sind auf das erste Wochenende im August angesetzt.

Seit Dezember 2018 wirken Ariane Toffel und Georg Wagner in der Nachfolge des verstorbenen Wilhelm Ritter als Stadtcarillonisten. Sie wurden in den Niederlanden, wo sich

Ostturm Schloss Johannisburg mit Carillon

weit mehr Carillons als in Deutschland befinden, ausgebildet. Und aus den Niederlanden stammen auch die Glocken selbst – Hersteller war die Königliche Glockengießerei **Eijsbouts** in Asten, Nordbrabant.

City-Galerie

Neben zahlreichen Möglichkeiten zum →*Essen und Trinken* wartet Aschaffenburg mit einer ebenso großen Auswahl an Einkaufsgelegenheiten in über 620 Geschäften auf. Die Stadt versorgt damit nicht nur die eigenen Bürger, sondern ist zugleich Anziehungspunkt für Hunderttausende weiterer Kunden aus dem Rhein-Main-Gebiet und den umliegenden Landkreisen. Fast ein Fünftel der gesamten Verkaufsflächen befindet sich in den Fußgängerzonen der Innenstadt, wie z. B. Herstallstraße, Sandgasse, Steingasse, Rossmarkt.

In direkter Nachbarschaft zur →*Altstadt* und zum →*Park Schöntal* befindet sich die 1974 eröffnete City-Galerie, genau dort, wo jahrzehntelang die Buntpapierfabrik Franz →*Dessauers* stand. Mit 55 900 m² ist sie das größte Einkaufszentrum Nordbayerns in Innenstadtlage. Es lädt mit einer großen Auswahl von über 70 Läden und Restaurants zum ausgiebigen Einkaufsbummel in angenehmer Atmosphäre ein. Zum Gebäude gehört ein eigenes Parkhaus mit über 1700 PKW-Stellplätzen. Pro Tag hat die City-Galerie ca. 26 000 Besucher.

City-Galerie an der Goldbacher Straße

Dalberg

Er war ein politischer Überlebenskünstler in der Zeitenwende zwischen Französischer Revolution und Napoleons Neuordnung Westeuropas: Karl Theodor Freiherr von Dalberg, als Nachfolger Friedrich Karl Joseph von Erthals der letzte Kurfürst und Erzbischof von Mainz (1802). Geboren 1744, stand er seit 1765 in Mainzer Diensten. Als

Karl Theodor von Dalberg (Schloss Johannisburg)

die Stadt Mainz an Frankreich fiel und das →*Kurfürstentum* aufgelöst wurde, blieben Dalberg ab 1803 die rechtsrheinischen Besitzungen von Kurmainz, insbesondere das auf ihn zugeschnittene Fürstentum Aschaffenburg (andere geistliche Fürsten gingen leer aus). Er wurde mit dem Amt des Erzbischofs von Regensburg entschädigt. Nach 1806 wirkte er als Fürstprimas und Kanzler des Rheinbundes. 1810 erhob ihn Napoleon zum Großherzog von Frankfurt (das Fürstentum Aschaf-

fenburg ging im Großherzogtum Frankfurt auf): als Entschädigung, nachdem Dalberg Regensburg an den bayerischen König verloren hatte. Hauptsächlich hielt er sich jedoch in Aschaffenburg auf. Der Untergang der Bonaparte-Herrschaft bedeutete das Ende von Dalbergs Karriere; im Gegensatz zum bayerischen König hatte er, unbestritten ein Günstling Bonapartes, es versäumt, die Seiten zu wechseln. 1817 verstarb er in Regensburg.

Was hat ihm Aschaffenburg zu verdanken? Dalberg stiftete eine Kunstgewerbeschule und eine Universität (Karls-Universität, eigentlich die Fortsetzung der Mainzer Universität). 1811 gründete er das →*Theater*. Er übernahm den Code Napoleon und gewährte eine Verfassung im Geist der napoleonischen Zeit: Die Leibeigenschaft war abgeschafft, die Untertanen waren vor dem Gesetz gleich, der Adel war ohne Vorrechte, die Juden zumindest teilweise emanzipiert. In der Stadt erinnern die Dalbergstraße und das Dalberg-Gymnasium an diesen aufgeklärten, hoch begabten, entschieden reformerischen und zugleich schwankenden Fürsten.

Der schriftliche Nachlass Dalbergs (254 Aktenbündel) befindet sich im Bayerischen Hauptstaatsarchiv. Bestattet ist Dalberg in Regensburg. Sein Herz ist in der →*Stiftskirche* Aschaffenburg beigesetzt.

Dalberg-Gymnasium

Damm

Damm ist der nördliche Stadtteil von Aschaffenburg zwischen den Bahngleisen und der Autobahn. Hier leben mehr als 15 000 Menschen. Damit ist Damm der einwohnerstärkste Stadtteil nach der Innenstadt und verfügt zugleich über die größte Fläche.

Dieses Areal dürfte schon in der Steinzeit besiedelt worden sein. Entscheidend für die neuere Stadtteilgeschichte war sicher der Verlauf der →Aschaff. An ihrem Ufer entstanden im Mittelalter eine Anzahl Mühlen: Erstmals urkundlich erwähnt wurde Damm 1232.

1819 gliederte das Königreich →Bayern die Siedlung Damm aus der Stadt Aschaffenburg aus, sodass der Ort nun als selbstständige Landgemeinde existierte.

1827 gründete Daniel Ernst Müller einen Betrieb zur Herstellung von Steingut, d. h. weißem und bedrucktem Ess- und Kaffeegeschirr. Die nötigen Rohstoffe stammten aus der näheren Umgebung. Zusammen mit seinem Schwager Jakob Heinrich von Hefner-Alteneck als künstlerischem Fachmann erlangte die Firma Anerkennung bei Fachmessen im Deutschen Bund und im Ausland, beispielsweise auf der Allgemeinen Pariser Ausstellung von Produkten der Landwirtschaft und der Weltausstellung in Wien 1873. Neue Besitzer wurden der Probleme bei Erzeugung und Absatz nicht Herr, sodass die Firma 1880 zwangsversteigert wurde.

Auf dem Gelände errichtete Heinrich Dahlem 1885 eine Buntpapierfabrik, die später als Letron GmbH und Co. KG in Damm wirkt und heute zur Impress-Gruppe gehört.

Die Michaelskirche wurde von 1874 bis 1877 gebaut. Sie ersetzte die Michaeliskapelle in der Dorfstraße (Bau aus dem 17. Jahrhundert), die nach ihrer Profanierung als Feuerwehrhaus diente und seit 2012 den Kulturverein Künstlertreff e.V. beherbergt (s. Foto). Eine eigene Pfarrei ist Damm erst ab 1897. Ein weiteres katholisches Gotteshaus, die Josefskirche in der Uhlandstraße, stammt aus den Jahren 1928/29.

1893 eröffnete die erste Telegrafenstation und im Jahr darauf das erste Postamt.

1901 kehrte Damm in den Stadtverband Aschaffenburg zurück.

Die erste evangelische Pfarrstelle datiert von 1929; die Pauluskirche wurde 1934 geweiht.

Am 21.11.1944 zerstörten britische Bomberverbände große Teile des Stadtteils Damm – kaum ein Haus blieb unbeschädigt. In Damm starben 221, in der gesamten Stadt 344 Einwohner. Beabsichtigt war die Zerstörung der Bahngleise, aber der Wind hatte die Markierungsbomben nach Norden getrieben, zum Schaden der Dämmer Zivilbevölkerung. Nach der Währungsreform kam der Wiederaufbau in Gang, Flüchtlinge und vertriebene Deutsche fanden eine neue Heimat, Gastarbeiter mit ihren Familien zogen auch in diesen Stadtteil, ebenso Aussiedler.

In den letzten Jahren bot der neue Zugang („Dammer Tor") zum Hauptbahnhof die Chance, den südlichen Rand Damms durch die Ansiedlung von Läden, Arztpraxen und Restaurants auf einer Fläche von insgesamt 25 000 Quadratmetern aufzuwerten.

Firma Impress in der Dorfstraße

Dessauer, Friedrich

Friedrich Dessauer wurde als zehntes Kind des sehr erfolgreichen Papierfabrikanten Philipp Dessauer am 19.7. 1881 in Aschaffenburg geboren. Mit 14 Jahren las er in der Zeitung von der Entdeckung der Röntgenstrahlen – eine Nachricht, die ihn nachhaltig faszinierte. Bald baute er einen eigenen Röntgenapparat, den er nach und nach verbesserte. Aus seinem Labor wurde schließlich ein eigenes Unternehmen mit bis zu 500 Beschäftigten, von dem er sich 1916 trennte, um verstärkt wissenschaftlich zu wirken. Als promovierter Physiker und sehr bald darauf als Professor leitete er ab 1921 das Institut für physikalische Grundlagen der Medizin in Frankfurt. Zu seinen Leistungen gehörte nicht nur die Weiterentwicklung der Röntgendiagnostik, sondern auch die Krebsbekämpfung durch Strahlentherapie, bereits 1922.

Gleichzeitig engagierte sich Dessauer in der katholischen Zentrumspartei, für die er von 1924 bis 1933 als Abgeordneter im Reichstag wirkte. Sein Interesse galt der Wirtschafts- und Sozialpolitik sowie dem Schutz der Republik. Dessauers Sprachrohr war die von ihm gegründete Rhein-Mainische Volkszeitung. Er war ein Demokrat!

In jenen Jahren gelang es ihm auch, naturwissenschaftlich-technische und philosophische Themen zu verbinden, wie u. a. sein Buch „Leben, Natur, Religion: das Problem der transzendenten Wirklichkeit" (1924) zeigt.

Grab Friedrich Dessauers

Nach der „Machtergreifung" folgten Verhaftung und Anklage aus rein politischen Gründen. Der NS-Staat versetzte Dessauer 1934 in den Ruhestand, auch wegen seiner jüdischen Vorfahren. Daraufhin nahm er einen Ruf als Professor für Radiologie und Biophysik in Istanbul an. 1938 wechselte er in die Schweiz an das Physikalische Institut Fribourg.

1953 kehrte Dessauer nach Frankfurt zurück. In den folgenden Jahren hielt er Vorlesungen über Naturwissenschaften an der Universität und schrieb unter anderem über Erbe und Zukunft des Abendlandes, Begegnungen zwischen Naturwissenschaften und Theologie sowie über weitere Themen im Schnittfeld von Natur- und Geisteswissenschaften.

Der Physiker, Unternehmer, Politiker und Publizist Friedrich Dessauer starb am 16.2. 1963 in Frankfurt a. M. Er ist auf dem →*Altstadtfriedhof* in Aschaffenburg beerdigt. Nach ihm ist in Aschaffenburg das Friedrich-Dessauer-Gymnasium benannt.

Friedrich-Dessauer-Gymnasium, Eingang

Essen und Trinken

Das typische Aschaffenburger Gericht gibt es nicht. Sehr wohl aber verfügt Aschaffenburg über zahlreiche Restaurants und Kneipen: ungefähr 400 Lokale, deutsche und internationale Küche.

Die regionale Küche ist schwerpunktmäßig in der →*Altstadt* beheimatet.

Weinanbau Löherstraße

Was Getränke angeht, ließe sich eine ausführliche Brauereigeschichte entwerfen. In den letzten Jahren konzentrierte sich die Produktion auf die benachbarte Marktgemeinde Großostheim, wo die Brauerei Eder ihren Sitz hat. Eder fusionierte 1998 mit der traditionsreichen Aschaffenburger Brauerei Heylands (1792 gegründet und 1991 von Henninger übernommen) zu Eder und Heylands Privatbrauerei. Bis

ins Jahr 2000 lief die Heylands-Produktion am Stammsitz Rossmarkt weiter. Zu dieser Gesellschaft gehört auch die Brauerei Schlappeseppel in der Schlossgasse (1803 gegründet und 1978 von Heylands gekauft). Die Marken Heylands, Bavaria und Schlappeseppel existieren nach wie vor. Schlappeseppel gewann in den vergangenen Jahren mehrere Auszeichnungen, u. a. die Bronzemedaille beim World Beer Cup in San Diego, Kalifornien, mit seinem Exportbier und die Goldmedaille für hervorragende Produktqualität der DLG und der Monde Selection Brüssel mit seinem alkoholfreien Weizen.

Brauerei Schlappeseppel

1981 stellte die Bavaria Brauerei die Produktion ein, die 20 Beschäftigten übernahm Eder. Eigenständig ist nach wie vor Schwindbräu im Stadtteil →*Schweinheim*.

Weinbau ist weniger typisch für Aschaffenburg als für das Maindreieck um Würzburg. Und doch findet sich ein kleiner Weinberg unmittelbar unterhalb des →*Pompejanums*, sowie ein Weingarten am Badberg oberhalb der Löherstraße mitten in der Stadt. Bei der Gemarkung Badberg handelt es sich um eine terrassierte Sandsteinlage mit über 60 Prozent Neigung. Hier war um das Jahr 900 der Königshof der Stadt, später standen hier Badehäuser. Urkundlich erwähnt wurde die Lage erstmals 1562, sodass es sich um die älteste gewerbliche Weinlage der Region handelt. Im 20. Jahrhundert diente der Hang als Anbaufläche für Kräuter, Obst und Gemüse. Nach einer Sanierung der Sandsteinmauern kam es zur Erneuerung des Weinbaus. Heute gedeihen hier Spätburgunderstöcke, die von Hand geerntet werden, da der steile Hang, die Treppen und Mauern keinen Maschinenbetrieb erlauben. 2012 erhielt eine Abfüllung das Prädikat „Spätlese".

Fasanerie

Die Fasanerie ist ein rund 75 Hektar umfassender Landschaftspark zwischen Bismarckallee, Österreicher Kolonie (→*Wohnkolonien*), Ostring und Lufthofweg. Sie wurde ab 1779 unter Friedrich Carl Joseph von Erthal als Wildpark mit Fischteichen, Wild- und Fasanengehege angelegt, um die Hofküche des Kurfürsten im →*Schloss Johannisburg* zu beliefern. Dazu wurde ein „Fasanenjäger" eingestellt, der für die Lieferung von etwa 800 bis 1000 Fasanen pro Jahr zuständig war. Die Fasanerie sollte eine ähnliche Anlage ersetzen, die sich im Nilkheimer Wäldchen befand, da dieses zum →*Landschaftspark Schönbusch* umgestaltet wurde. Der Fasaneriesee wird vom Röderbach durchflossen, einem linken Zufluss der →*Aschaff*.

Fasaneriesee

Im nördlichen Teil der Fasanerie erinnert eine kleine Platzanlage mit Gedenkstein in Form eines abgebrochenen Säulenstumpfes an ein Säbeldu-

ell, das 1824 stattfand. Hierbei verstarb der erst 17-jährige angehende Forstbeamte Ferdinand Anton Freiherr von Andrian-Werburg, weshalb dieser Ort „Andriansplätzchen" genannt wird.

1826 öffnete Ludwig I., als bayerischer König nun der Landesherr, den Park für die Bürger als Naherholungsgebiet. Auf der Großmutterwiese, an der südwestlichen Ecke gegenüber dem →Park Schöntal gelegen, steht ein 1897 zu Ehren Ludwigs gebautes Brunnendenkmal. Seit 1968 befindet sich in der Fasanerie der Neubau des Kronberg-Gymnasiums.

Schon in die ersten Gestaltungsentwürfe des Parks wurde auch der südöstlich gelegene Godelsberg einbezogen, auf dem sich mit der Teufelskanzel und der Goldbacher Kanzel beliebte Aussichtspunkte befinden. In unmittelbarer Nähe präsentiert sich dem Spaziergänger ein kurioses Bauwerk: die Kippenburg, ein 1839 als künstliche Burgruine konzipiertes Weinberghaus mit Türmchen. Zugänglich ist das Gelände Mitte Juni bis Mitte August zur Zeit um das Kippenburgfest.

Gailbach

Im südöstlichsten Stadtgebiet, noch hinter →*Schweinheim* und schon mitten in der Natur, liegt der kleinste Teil der Stadt Aschaffenburg: Gailbach. Auf idyllische Weise wird der Stadtteil bereits von den bewaldeten Höhen des Vorspessarts (→*Spessart*) umrahmt.

Erstmals quellenmäßig erwähnt wird Gailbach als „Gauwelenbach" in einem Totenregister der →*Stiftskirche* St. Peter und Alexander im Jahr 1262. Eine 1575 angefertigte Karte gebraucht erstmals die heutige Namensform.

Der etwa 1700 Einwohner umfassende Stadtteil wird vom gleichnamigen „Gailbach", einem östlichen Zufluss des →*Mains*, durchflossen.

Den ländlichen Charme eines typischen Spessartdorfes hat sich Gailbach bis heute erhalten. Mit dem Fachwerkhaus „Kitz-Haus" gibt es sogar noch einen ehemaligen Bauernhof aus dem Jahr 1803.

Kirche St. Matthäus, die katholische Pfarrkirche von 1967/68 in Gailbach

Gentilhaus

Der Aschaffenburger Gießerei-Unternehmer Anton Gentil (1867–1951) ließ 1909/10 in der Lindenallee 26 ein Wohnhaus bauen, das durch seinen ungewöhnlichen Stil nicht nur am bayerischen Untermain für Aufsehen sorgte. Auch die Berliner Zeitschrift „Blätter für Architektur und Kunsthandwerk" stellte dieses

Objekt im Landhausstil vor. Nachdem dieses Haus für die umfangreichen Kunstsammlungen Gentils zu klein geworden war, ließ er gegenüber in der Grünewaldstraße 20 ein noch außergewöhnlicheres Gebäude nach eigenen Entwürfen bauen: Auffallend sind der hohe Giebel und die Dachneigung von 60 Grad. Dieses als Gentilhaus bekannte Gebäude vermachte er der Stadt. Besichtigungen sind nur im Rahmen einer Führung oder zu abgesprochenen Terminen möglich. Die Kunstsammlung selbst ist sehr vielfältig: mit-

telalterliche und frühneuzeitliche Heiligenfiguren, Madonnenfiguren, Gemälde des 16. und 17. Jahrhunderts, Skulpturen aus dem 19. und 20. Jahrhundert, Gemälde von Franz Stuck und anderen Zeitgenossen Gentils, Grafik, Fayencen, ostasiatische Kunst. Eine Besonderheit ist die selbst spielende sog. Philharmonie-Orgel aus dem Jahre 1929, die auch manuell wie ein herkömmliches Tasteninstrument genutzt werden kann. Etwa 90 verschiedene Musikrollen waren abspielbar, die u. a. Sonaten Beethovens und Opernmelodien enthielten. Die Herstellerfirma Welte stellte 1932 die Produktion dieser teuren Orgeln ein. An anderer Stelle, in der Gentilstraße nördlich der Würzburger Straße, steht ein burgähnliches Anwesen Gentils, das er 1933–35 nach seinen eigenen Entwürfen errichten ließ. Es befindet sich heute im Besitz einer Bauträgergesellschaft.

Geschichts- und Kunstverein Aschaffenburg e.V.

Laut Satzung will der Geschichts- und Kunstverein die Ortsgeschichte von Aschaffenburg sowie die Geschichte, Kunst und Landeskunde des früheren Fürstentums Aschaffenburg bzw. des ehemaligen Mainzer Oberstifts erforschen. Er will die historischen, kulturellen und künstlerischen Denkmäler und Dokumente der Heimat vor Vernichtung, Verunstaltung und Abwande-

Schönborner Hof

rung bewahren. Er beabsichtigt, das künstlerische Schaffen der in Aschaffenburg und im fränkischen Untermaingebiet lebenden Künstler und Kunsthandwerker zu fördern. Er zielt darauf, das Verständnis für Geschichte und Kunst in der Öffentlichkeit zu wecken und zu heben sowie der Volksbildung bezüglich der hier genannten Vereinszwecke zu dienen. Dazu gibt er das Aschaffenburger Jahrbuch mit bislang 33 Bänden heraus. Darüber hinaus erschienen 67 Monografien, zuletzt im Jahre 2018 „Die Dessauers – eine Aschaffenburger Unternehmerfamilie im 19. und 20. Jahrhundert" von Monika Ebert. Der Verein bietet Vorträge und Studienfahrten.

Der Geschichtsverein entstand 1904. 1949 fusionierte er mit dem 1927 gegründeten Kunstverein. Der Geschichts- und Kunstverein hat mehr als 1100 Mitglieder. Erster Vorsitzender ist der Oberbürgermeister a. D. Klaus Herzog, geschäftsführender Vorsitzender der Historiker Dr. Heinrich Fußbahn. Sitz ist im →*Schönborner Hof*, wo sich auch das Stadt- und Stiftsarchiv befindet.

Hafen

83 Kilometer aufwärts von der Mündung in den Rhein befindet sich der Mainhafen Aschaffenburg im Stadtteil →*Leider*. Er ist damit eine Station auf der Schifffahrtsstraße von der Nordsee über Rhein und Donau in das Schwarze Meer und ist Standort des Unternehmens Bayernhafen GmbH & Co. KG. Gebaut wurde der Hafen im Zuge der Mainkanalisierung vor einhundert Jahren. Mit einem Güterumschlag von derzeit 920 000 Tonnen stellt der Hafen Aschaffenburg eine wichtige Drehscheibe für die regionale Wirtschaft in Bezug auf Rohstoffe und Industriegüter dar. Bei den wichtigsten Schiffsgütern handelt es sich um Steine und

Erden, Erdöl, Mineralölerzeugnisse und Gase sowie Erze und Metallabfälle. Hauptzielgebiete sind die Niederlande, Deutschland und Belgien.

Die Hafenverwaltung Aschaffenburgs beschäftigt 35 Mitarbeiter, im Gewerbegebiet Hafen arbeiten auf einer Fläche von 160 Hektar etwa 2500 Personen in rund 60 Firmen der Produktion, Dienstleistungen und Logistik. Die Vorteile für die Wirtschaft liegen auf der Hand: Aschaffenburg ist sehr nahe am Rhein-Main-Gebiet, die Autobahn- und Eisenbahnanbindung ist gut, die Lage in Deutschland ist einigermaßen zentral.

Ferner betreibt die Bayernhafen GmbH & Co. KG eine Anlaufstelle für Flusskreuzfahrten im Floßhafen südlich von →Schloss Johannisburg.

Hofbibliothek

Wer Bücher braucht, um sich weiterzubilden oder um wissenschaftlich zu arbeiten, besucht die Hofbibliothek im →Schloss (es sei denn, er hat einen Benutzerausweis der →Technischen Hochschule). Der Name ist schnell erklärt: 1794, nach dem Verlust der Stadt Mainz an Frankreich, brachte der Mainzer Kurfürst Friedrich Carl Joseph von Erthal die Bestände der Mainzer Hofbibliothek in seine Zweitresidenz Schloss Johannisburg. Weitere Handschriften und Bücher übergab sein Nachfolger →Dalberg. Später kam die Stiftsbibliothek mit ihren mehr als 22 000 Bänden als Dauerleihgabe hinzu, die wiederum die Bestände der Aschaffenburger Karls-Universität und ihrer Nachfolgeeinrichtungen (Lyceum, Gymnasium) umfasste, einschließlich Bänden und Handschriften des Jesuitenkollegs und des Kollegiatstifts St. Peter und Alexander.

Nach dem Abschied der Jesuiten aus Aschaffenburg 1967 kamen weitere 5000 Bände aus deren Beständen hinzu.

1982 verfügte die Hofbibliothek über 66 000 Bände, heute sind es ca. 30 000 Bände aus der Zeit vor 1900 sowie rund 80 000, die nach 1900 erschienen sind. Darüber hinaus können Bücher durch eine kostenlose Fernleihe bezogen werden, soweit sie nicht auch in der Bibliothek der Hochschule bestellt werden können.

Der eher kleine und dadurch behaglich wirkende Lesesaal bietet 21 Plätze, an denen die Präsenzbestände (Handbücher, Enzyklopädien, weitere wissenschaftliche Bände; insgesamt ca. 4000) sowie zahlreiche Zeitschriften und einige →*Zeitungen* genutzt

Schloss Johannisburg beherbergt auch die Hofbibliothek

werden können. 100 Periodika werden laufend gehalten. Der Blick aus den Fenstern geht Richtung Schlossgarten, →*Main* und →*Pompejanum*, sodass der Besucher sich erheblich wohler fühlen kann als in einem geräumigen, funktional-nüchternen Neubau.

Sachbücher, Unterhaltungsliteratur, Spiele, DVDs und CDs sowie Medien zum Erlernen von Fremdsprachen gibt es in der Stadtbibliothek (2700 Quadratmeter), die seit 1993 am Schlossplatz 2 angesiedelt ist. 90 000 Medien sind dort ausleihbar.

Hotels und Tourismus

Die Vielfalt der Stadt macht Besuche zu jeder Jahreszeit lohnenswert und vieles ist auf kurzen Wegen auch fußläufig erreichbar. Die reizvollsten touristischen Ziele sind in diesem Band beschrieben: Dazu gehören u. a. die →Altstadt, das →Schloss, das →Pompejanum, die Landschaftsparks, die →Stiftskirche und das →Stiftsmuseum sowie der nahe →Spessart.

Der Tourismus ist im Aufschwung. Für 2018 verzeichnete die Industrie- und Handelskammer 100 673 Gästeankünfte (davon zu 17 Prozent aus dem Ausland), nach 95 277 zwei Jahre zuvor. Entsprechend gestiegen ist auch die Zahl der Gästeübernachtungen: 196 083 (2018), dagegen 172 642 (2016). 1032 Gästebetten in 13 Hotels stehen bereit. Im Durchschnitt verbleiben Gäste knapp zwei Tage in der Stadt.

Eines der ältesten, traditionsreichsten Hotels ist der „**Wilde Mann**" (vier Sterne) im Zentrum der historischen Altstadt mit einer Geschichte von fast 111 Jahren. Schon 1558 existierte ein Gastronomiebetrieb in seinen Grundmauern an der heutigen Löherstraße.

Heute bietet das Hotel 73 Zimmer und Appartements.

Nicht viel jünger ist der direkt gegenüber liegende „**Goldene Karpfen**", der seit 1602 nachgewiesen ist. Eine Baumringdatierung ergab, dass das für das Fachwerk geschlagene Holz sogar aus dem Jahr 1419 stammt. Zur Geschichte des jahrhundertealten Hauses gehören auch traurige Schicksale wie die Hexenverbrennung der Wirtin Margarethe Rücker 1611 oder die starke Beschädigung infolge des Zweiten Weltkriegs. Das Haus wurde mittlerweile vollständig saniert und verfügt über 38 Zimmer.

Der Gast kann unter weiteren Hotels unterschiedlicher Kategorien wählen. Zu ihnen gehören das „**City-Hotel Aschaffenburg**" (Frohsinnstraße, 40 Zimmer), das „**Hotel Dalberg**" (Pfaffengasse, 26 Zimmer), das „**Novum Hotel Post Aschaffenburg**" (Goldbacher Straße, 62 Zimmer), das „**Hotel zum Goldenen Ochsen**" (Karlstraße, 38 Zimmer), das „**Hotel Classico**" (Geschwister-Scholl-Platz, 24 Zimmer), das „**B & B Hotel Aschaffenburg**" (Heinrich-Böll-Straße, 85 Zimmer), das „**Hotel am Stiftsberg**" (Löherstraße, 18 Zimmer/Suiten), das „**Hotel Pfaffenmühle**" (Glattbacher Straße, 35 Zimmer), das „**Trip Inn Hotel Aschaffenburger Hof**" (Frohsinnstraße, 60 Zimmer).

Die neuesten Hotels sind das „**Accor - Ibis Styles**" (Elisenstraße, 140 Zimmer) und das „**Olive Inn**" (Würzburger Straße, 30 Zimmer), die beide 2019 eröffneten.

Das Vier-Sterne-Hotel Post

Industrie und Gewerbe – eine Auswahl

Die Lage am →*Main* und der Anschluss an das Bahnnetz 1854 begünstigten die wirtschaftliche Entwicklung, des Weiteren die Aufhebung aller Zölle innerhalb Deutschlands spätestens mit der Reichsgründung 1871. Traditionell bedeutsam waren die Papier- und die Textilindustrie.

Die Papierindustrie ist untrennbar mit der Fabrikantenfamilie →*Dessauer* verknüpft. Der ehemalige kurmainzische Hofbankier Alois Dessauer übernahm 1810 eine kleine Buntpapierfertigung mit sechs Arbeitern. Produziert wurde in der Badergasse, weitere Arbeitsplätze kamen schnell hinzu. Schon 1820 war im „Allgemeinen Anzeiger der Deutschen" zu lesen, Dessauers Fabrik für farbiges Glanzpapier und Leim sei im In- und Ausland berühmt. 1832 waren 200 Arbeiter beschäftigt, die Produkte konnten sogar in Mexiko und Brasilien abgesetzt werden. 1840 siedelte sich das stark gewachsene Werk vollständig in der heutigen Auhofstraße an. Die reine Arbeitszeit zwischen April und Oktober belief sich auf 13 Stunden täglich, im Winter begann sie bei Tagesanbruch und endete um 20.00 Uhr. Fortschrittlich war die Einführung einer Kranken- und Sterbekasse (Jahrzehnte vor Bismarcks Sozialpolitik), die sich aus Beiträgen der Arbeiter und des Fabrikherrn speiste. Nach dem Tod von Alois ging das Werk auf die Söhne Joseph, Georg und Franz über. 1856 waren 250 Arbeiter im Auhof beschäftigt.

Alois' Sohn Franz schied 1850 im Streit mit seinem Bruder Joseph aus der väterlichen Firma aus und gründete seine eigene Buntpapierfabrik zwischen Goldbacher Straße und Fabrikstraße. Die Familie lebte in einer Villa gegenüber in der Goldbacher Str. 4. Nach geschäftlichen Problemen verließ Franz die Firma. Sein Sohn Philipp rückte nach. Im Jahre 1900 war diese Buntpapierfabrik die bedeutendste ihrer Art in Deutschland. 440 Arbeiter und Angestellte waren im Betrieb. 1908 fusionierte die Alois Dessauer'sche Buntpapierfabrik im Auhof, erfolgreich geführt und weiterentwickelt, mit der Buntpapierfabrik von Franz' Enkel Hans, sodass Deutschlands größtes Buntpapierwek entstand. 1968/69 ließen schwere Verluste die Produktion an der Fabrikstraße zu Ende gehen.

Papierwerk DS Smith in der Weichertstraße

Das Werk wurde abgerissen, heute steht dort das Einkaufszentrum →*City Galerie*. Darüber hinaus gründete Philipp Dessauer, der Sohn von Franz, 1872 die *Aktien-Gesellschaft für Maschinenpapier-Fabrikation*.

Dieses Werk in der Glattbacher Str. 44-46 diente der Herstellung von Rohstoffen wie Holzzellstoff für die Buntpapierfabrik. 1970 fusionierte diese Aschaffenburger Zellstofffabrik (4000 Beschäftigte) mit den Papierwerken Waldhof (Mannheim) zu den Papierwerken Waldhof-Aschaffenburg. Seit 2012 setzt die britische Firma DS Smith mit einem weiträumigen Standort an der Weichertstraße, nahe der Glattbacher Straße, die industrielle Traditionslinie fort. Die Fabrik stellt mit ca. 200 Mitarbeitern jährlich rund 420 000 Tonnen Wellpappenrohpapiere her.

Kleiderfabriken gab es in Aschaffenburg zuhauf: 1955 existierten rund 400 textilverarbeitende Betriebe mit fast 19 000 Beschäftigten. Der Niedergang kam, als die Produktion ab den 1980er-Jahren mehr und mehr an Standorte mit weit niedrigeren Lohnkosten verlegt wurde.

Der Schneidergeselle Johann Desch gründete mit einem Startkapital von 20 000 Goldmark eine Fabrik in der Sandgasse, die serienmäßig Herrenanzüge herstellte. Um 1900 belief sich der jährliche Umsatz auf eine Million Goldmark. Andere Schneider folgten dem Beispiel Deschs, und Aschaffenburg wurde zu einem Zentrum der mittelständischen Textilindustrie. Dazu gehörten auch die vielen Heimarbeiter im wirtschaftlich schwachen →*Spessart*. Ein massiver Umsatzrückgang in den letzten Jahrzehnten zwang Desch in die Insolvenz – wie andere Kleiderfabriken auch.

Zu nennen ist auch die Lenkradfabrik Petri mit zwei Standorten in Aschaffenburg: →*Nilkheim* und →*Schweinheim*. Das langjährige Familienunternehmen, seit 1962 AG, erzielte 1995 einen Umsatz von mehr als einer Milliarde Mark – dank der Produktion von Airbags. 2000 übernahm der japanische Konzern Takata die Firma Petri. Nach starken Umsatzrückgängen verkündete Takata 2009, die Zahl der Arbeitnehmer drastisch zu reduzieren. Später wurde der Standort Aschaffenburg von Key Safety Systems mit 1600 Mitarbeitern übernommen (heute: Joyson Safety Systems). Aschaffenburg ist darüber hinaus Sitz der Europa-Zentrale mit Entwicklungsabteilung.

Ein traditionsreiches Unternehmen aus Aschaffenburg ist die Baufirma Dreßler mit Sitz in der Müllerstraße, Aschaffenburg-Damm (ab 2020 neue Zentrale in der Gabriel-Dreßler-Str. 7). Sie konnte 2013 ihr hundertjähriges Bestehen feiern. Die GmbH errichtete 1950 ihre erste auswärtige Filiale in Darmstadt, gefolgt von Niederlassungen in Rastatt, Stockstadt, Dresden/Berlin und Essen. Dreßler ist deutschlandweit im Gewerbe- und Logistikbau, Industriebau, Wohn- und Geschäftsbau tätig. Darüber hinaus: Dreßler war wesentlich an der Rekonstruktion und Wiederaufbau des Neuen Museums einschließlich seiner Kolonnaden in Berlin sowie am Eingangsgebäude der Museumsinsel beteiligt. Auch die Rohbauarbeiten am

Ostflügel des Dresdner Schlosses führte Dreßler durch, was die denkmalpflegerischen Fähigkeiten des Unternehmens unterstreicht. Als Generalunternehmer für Rohbau, Ausbau und Fassade realisierte Dreßler den Wiederaufbau des Palais Thurn und Taxis in Frankfurt. Derzeit beschäftigt Dreßler 510 Mitarbeiter. Die Gesamtbauleistung belief sich auf 312 Millionen Euro (2019).

Ab 2020 befindet sich die neue Zentrale in der Gabriel-Dreßler-Str. 7

Blick von der Stadtbibliothek über den Schlossplatz

Jesuitenkirche

Wer mit dem Auto auf den Schlossplatz fährt, kann sie nicht übersehen: die Jesuitenkirche. Kurfürst Johann Schweikhard rief die Jesuiten 1612 nach Aschaffenburg, um ein Gymnasium aufzubauen. 1620 errichteten sie ihre barocke Ordenskirche. 1774 musste die Gemeinschaft Jesu auch Aschaffenburg verlassen. Ein Umbau erfolgte nach der Säkularisierung 1810. Nach ihrer Rückkehr 1917 nahm das Jesuitenkolleg wieder seinen Unterricht auf. Die Kirche wurde im Zweiten Weltkrieg zerstört. 1967 verließen die Jesuiten die Stadt.

Das einstige Kirchengebäude, im Inneren stark vereinfacht wiederaufgebaut, ist seitdem für weltliche Zwecke bestimmt und seit 1969 im Besitz der Stadt Aschaffenburg. Es wird seit 1976 als Ausstellungshalle genutzt, speziell seit 1990 als Museum der Stadt mit den Schwerpunkten der Klassischen Moderne und der Gegenwart.

Kloster der franziskanischen Gemeinschaft von Betanien

Von 1626 bis 2010 bestand in Aschaffenburg ein Kloster der Kapuziner. Kurfürst Johann Schweikhard von Kronberg, der Bauherr von →*Schloss Johannisburg*, hatte sie zusammen mit den Jesuiten gerufen, um „dem religiösen und sittlichen Leben neue Impulse zu geben". Dazu schenkte er ihnen ein Grundstück nahe des Schlossgartens. Die barocke Kirche erlitt schwere Schäden im Zweiten Weltkrieg, die alsbald behoben werden konnten.

2010 mussten die Kapuziner ihre Niederlassung wegen Nachwuchsmangels aufgeben. Das Bistum Würzburg übernahm Kloster und Kirche, um sie der franziskanischen Gemeinschaft von Betanien zu überlassen. Dabei handelt es sich um ein Institut des geweihten Lebens diözesanen Rechts, bestehend aus Brüdern, Klerikern wie Laien, und Schwestern, die durch die Gelübde der Armut, der Keuschheit und des Gehorsams ihr Leben Gott weihen. Vier Brüder und sieben Schwestern leben seitdem im Kloster am Kapuzinerplatz.

Kloster der franziskanischen Gemeinschaft von Betanien

Die Kapuzinerkirche St. Elisabeth

Klosterfest

Guido Knopp und die Aschaffenburger Gespräche

Knopp (*1948), deutschlandweit bekannt durch seine Fernsehsendungen zu zeitgeschichtlichen Themen, ist zwar nicht in Aschaffenburg geboren (sondern in Schwalmstadt-Treysa), aber im Stadtteil →Damm aufgewachsen. Um genau zu sein: in der Burchardstraße. Knopp besuchte das Kronberg-Gymnasium in Aschaffenburg. Seine Studienfächer Geschichte, Politikwissenschaft und Publizistik belegte er in Frankfurt, Amsterdam und Würzburg, wo er 1975 über die „Einigungsdebatte und Einigungsaktion in SPD und USPD 1917–1920 unter besonderer Berücksichtigung der Zentralstelle für Einigung der Sozialdemokratie" promovierte. Journalistische Tätigkeiten bei der Frankfurter Allgemeinen Zeitung und der Welt am Sonntag schlossen sich an. Mit Aschaffenburg blieb Knopp verbunden. Im Stadttheater veranstaltete er zwischen 1978 und 2008 alljährlich Podiumsdiskussionen: die Aschaffenburger Gespräche. Dabei genoss er die Unterstützung der Stadtverwaltung, der Volkshochschule und

Guido Knopp und Ehefrau beim Radio Regenbogen Award 2017

des Freundeskreises der Aschaffenburger Gespräche. Nacheinander übertrugen BR, 3SAT und Phoenix die Diskussionsrunden. Knopp und seinen Mitarbeitern gelang es stets, fachkompetente Historiker heranzuziehen, Politiker der Vergangenheit und Gegenwart zu gewinnen und weitere Zeitzeugen zu aktivieren.

Knopp gründete 1982 die Redaktion Zeitgeschichte des ZDF. Bis zum Erreichen der Pensionsberechtigung 2013 präsentierte er zahlreiche populärwissenschaftliche Fernsehsendungen.

Künstler der Moderne: Ernst Ludwig Kirchner und Christian Schad

Der dem Expressionismus zugerechnete Maler Kirchner kam 1880 in der Aschaffenburger Ludwigsstraße 19 gegenüber dem früheren Güterbahnhof auf die Welt, verbrachte aber nur seine ersten sechs Lebensjahre in der Stadt

Kirchner, Varieté (Englisches Tanzpaar), 1912/1913, Städelsches Kunstinstitut, Frankfurt am Main

am →*Main*. Dennoch blieb ihm das Ein- und Ausfahren der Züge lebenslang im Gedächtnis; es war der Inhalt seiner frühesten Zeichnungen im Kleinkindesalter. Kirchner zog bald darauf mit den Eltern nach Chemnitz. Das Studium der Architektur erfolgte in Dresden und München. In Dresden beteiligte er sich an der Gründung der Künstlergemeinschaft „Brücke", deren Programm er verfasste und in Form eines Holzschnitts gestaltete: „Mit dem Glauben an Entwicklung, an eine neue Generation der Schaffenden

E. L. Kirchner

wie der Genießenden rufen wir alle Jugend zusammen. Und als Jugend, die die Zukunft trägt, wollen wir uns Arm- und Lebensfreiheit verschaffen gegenüber den wohlangesessenen, älteren Kräften. Jeder gehört zu uns, der unmittelbar und unverfälscht wiedergibt, was ihn zum Schaffen drängt". Seine Soldatenzeit im Ersten Weltkrieg verursachte eine schwere Nervenzerrüttung, sodass er nach vergeblichen Sanatoriumsaufenthalten in die Schweiz übersiedeln durfte. Einen längeren Lebensabschnitt verbrachte Kirchner in Davos. Nach Aschaffenburg

Das Kirchnerhaus in der Ludwigstraße

kehrte er nicht mehr zurück, er erwähnte die Geburtsstadt aber wiederholt in seinen Aufzeichnungen. Unter dem Eindruck, als „entarteter Künstler" von den Nationalsozialisten verfemt zu sein, beging er in der Schweiz 1938 Suizid.

In Aschaffenburg befindet sich in seinem Geburtshaus ein Kirchner-Museum. Es präsentiert in wechselnden Ausstellungen Leihgaben aus Deutschland und der Schweiz. Das Gebäude selbst war im Krieg kaum zerstört. Der andere Künstler der Moderne, der mit Aschaffenburg eng verbunden ist, heißt Christian Schad. Geboren 1894 in Miesbach/Oberbayern, lebte er zeitweise in Zürich, Rom und Wien. Nach der Zerstörung seines Berliner Ateliers zog er 1942 nach Aschaffenburg. In seinen letzten 20 Lebensjahren wirkte er im benachbarten Bessenbach-Keilberg, wo er mit seiner Frau auch begraben ist. Schad beteiligte sich am Dadaismus, mehr noch an der Neuen Sachlichkeit und später am Magischen Realismus. Vor allem aber war er ein bedeutender Porträtmaler.

Mit Aschaffenburg verbindet ihn seine Kopie der Stuppacher Madonna (→*Stiftskirche*) und seine Lehrtätigkeit an der Volkshochschule. Für das Landgericht Aschaffenburg schuf Schad einige Wandgemälde in geglätteter Spachteltechnik.

Voraussichtlich Ende 2020 wird das weltweit erste Christian Schad Museum im früheren Jesuitenkolleg in der →*Altstadt* eröffnen.

Christian Schad

Kurfürstentum Mainz

Ist die Geschichte Aschaffenburgs ohne das Kurfürstentum Mainz überhaupt denkbar? Wohl kaum! Durch Erbschaft fiel Aschaffenburg an das Erzbistum Mainz. Der Erzbischof, zugleich „Reichserzkanzler für Germanien" und „Primas Germaniae" betitelt, war jeweils einer von sieben Kurfürsten: Er leitete die Wahl des deutsch-römischen Königs, an der er selbst maßgeblich beteiligt war. Seit der Reformation krönten die Bischöfe den König im Frankfurter Dom zum Kaiser.

Das umfangreiche, aber stark zersplitterte Territorium umfasste vor allem den kleineren Unteren Erzstift mit der Stadt Mainz, Bingen und dem Rheingau und den weit größeren Oberen Erzstift mit Aschaffenburg, dem →Spessart und dem Odenwald („Erzstift" bezeichnet die weltliche Landesherrschaft des Erzbischofs). Zeitweise unterstanden dem Mainzer Erzbischof bis zu 25 weitere Bistümer: Für rund eintausend Jahre zählten auch weit entfernte Bistümer wie Hildesheim und Chur dazu. Das Kurfürstentum endete mit der Aufhebung der geistlichen Fürstentümer im Heiligen Römischen Reich 1803. Zur weiteren Entwicklung: →Dalberg.

Die Mainzer Kurfürsten veranlassten unter anderem den Bau von →Schloss Johannisburg (als Sommerresidenz), die Anlage der Landschaftsparks →Schönbusch und →Fasanerie. Ihre Hofhaltung im Schloss, das ab 1610 Zweitresidenz und nach 1794 Hauptresidenz war, beeinflusste die Stadt in wirtschaftlicher und künstlerischer Hinsicht erheblich.

Das kurfürstliche Schloss in Mainz ist wie Schloss Johannisburg aus rotem Mainsandstein erbaut, der unweit von Aschaffenburg im Spessart und Odenwald vorkommt.

Landschaftspark Schönbusch

Der Schönbusch erstreckt sich am westlichen Stadtrand (Richtung Darmstadt) zwischen der Bundesstraße 26 (→*Leider*), dem Stadtteil →*Nilkheim* und der Gemeinde Stockstadt. Zwischen B 26 und dem Restaurant „Kulinarischer Schönbusch" sind genügend Parkplätze vorhanden. Das Naherholungsgebiet mit 168 Hektar Fläche aus der Zeit um 1780 diente ursprünglich als Lustgarten des Kurfürsten Erthal – im Gegensatz zu →*Fasanerie* und →*Schöntal*, die als Wildflächen zum Wohle der Schlossküche angelegt waren. Der Schönbusch ist ein englischer Landschaftsgarten, der aus dem kurfürstlichen Jagdrevier hervorging und von Beginn an ein Volksgarten war – die Öffentlichkeit durfte ihn nutzen. Wiesen- und Waldflächen ergeben zusammen mit Seen ein ansprechendes Naherholungsgebiet. Sein etwa 20 km langes Netz von Spazierwegen bietet immer wieder Ausblicke auf malerische Landschaften, die durch verschiedene Bauwerke geschmückt werden.

Zu diesen Bauwerken gehört unter anderem ein frühklassizistisches Schlösschen (1778–88), dessen zehn Räume im Louis-seize-Stil möbliert sind. Der Zutritt ist im Rahmen von Führungen möglich. Des Weiteren begegnen dem Spaziergänger die Orangerie (1784/85), der Speisesaal (1787/

Irrgarten

89), der Tanzsaal (1801/02), der Freundschaftstempel (1786/89) und das Philosophenhaus (1785/87), durch dessen Fenster man die Stuckbüsten von Philosophen erkennen kann. Letztere Pavillons sowie eine Gartenwirtschaft bestanden von Anfang an. Etwas kurios ist, dass man mitten im Park ein „Dörfchen" (1788/89) finden kann – eine Gruppe kleiner Bauernhäuser und Hirtenhäuser (1784/85). Die Idee für eine sogenannte „Orna-

mental Farm" stammt aus dem Park von Versailles. Rund um das „Dörfchen" grasen ganzjährig Schottische Hochlandrinder und ergänzen damit im Sinne des Schöpfers das Bild einer ländlich-idyllischen Parkszenerie.

Hauptarchitekt der Gebäude war Emanuel Joseph von Herigoyen, ein gebürtiger Portugiese, der seit Langem schon in Mainzer Diensten stand und weitere wesentliche Bauwerke für Aschaffenburg entwerfen sollte. Für die landschaftsgärtnerische Ge-

Schlösschen im Schönbusch

staltung im englischen Stil wurde 1783 der Schwetzinger Hofgärtner Friedrich Ludwig Sckell (1750/1823) engagiert. Im westlichen Parkgelände findet man den Gedächtnisstein eines weiteren Hofgärtners: Das Denkmal wurde 1880 in Gedenken an Christian Siebold platziert, der über dreißig Jahre im Park gewirkt hat.

Der Schönbusch verfügt über zwei Seen, die beide vom Welzbach gespeist werden. Vom kleineren, ehemals noch wesentlich größeren, „Oberen See" führt ein Zierkanal zur Kaskade, über die das Wasser in einen Bach fällt. Am Ufer des „Unteren Sees" gibt

Speisesaal

es drei künstliche Berge, von denen zwei mit der sogenannten Teufelsbrücke (1788) verbunden sind. Auf dem höchsten Berg steht ein Aussichtsturm (1776/1790), den man bei Führungen besichtigen kann. Am Südende des unteren Sees findet man die Fichtelsaalbrücke und das Kotzerbrünnlein. Einen weiteren Blickfang stellt die Rote Brücke über den „Unteren See" am Nordende des Parks dar, deren Brüstungen an ihren Stirnseiten mit Sphinx-Statuen geschmückt sind.

In den 1820er-Jahren wurde in der Nähe der Orangerie ein aus Hecken gewachsener Irrgarten angelegt, der im Laufe der Zeit erneuert und vergrößert wurde. Wer den richtigen Weg durch die Sieben-Gang-Anlage findet, erreicht im Ziel einen Gingko-Baum.

1974 wurde ein neuer Parkbereich angelegt, der sich im Südosten über ein Industriegleis hinweg an den historischen Park anschließt und an den Nilkheimer Park angrenzt.

Heute untersteht der Schönbusch der Bayerischen Verwaltung der staatlichen Schlösser, Gärten und Seen.

Leider

Leider, im Westen nahe der Bundesstraße 26 Richtung Darmstadt gelegen, ist der Standort des →*Hafens* samt dem dazugehörigen Gewerbegebiet. Auffällig sind die Bauten der Hafenverwaltung (1918–1921) nicht zuletzt wegen des Uhren-Dachreiters (Hafenbahnhofstr. 25). Doch der Stadtteil mit seinen etwas mehr als 3000 Einwohnern bietet noch viel mehr: das Schulzentrum mit dem Friedrich-Dessauer-Gymnasium und die Berufsschule sind dort angesiedelt. Eine Eissporthalle und das Stadtbad mit Frei- und Hallenbad befinden sich in Leider nahe der Ebertbrücke. Die f.a.n. frankenstolz arena, 1991 als Unterfrankenhalle in Betrieb genommen, fasst 6000 Zuschauer, v. a. dient sie Sportveranstaltungen. Unmittelbar südlich der Darmstädter Straße befinden sich Tennis- und Fußballplätze sowie das Stadion am Schönbusch (→*Viktoria*).

Löwenapotheke

Der originalgetreue Wiederaufbau dieses Fachwerkhauses an der Ecke Dalbergstraße/Stiftsplatz war jahrelang heiß umstritten. Auch wenn 1985 ganze 7000 Unterschriften für die Rekonstruktion gesammelt werden konnten: die Stadtverwaltung wollte davon nichts wissen, der Stadtrat war gespalten. Doch die Altstadtfreunde, eine Bürgerinitiative, ließen nicht locker: Angesichts eines Votums von 400 Bürgern (bei zehn Gegenstimmen) auf einer Bürgerversammlung 1988 setzten sich die Befürworter durch, und das Fachwerkgebäude wurde 1991 bis 1995 wieder aufgebaut. Zusammen mit der →Stiftsbasilika, dem →Stiftsmuseum und dem Stiftsbrunnen bildet die Löwenapotheke ein Ensemble, das besonders durch die Adventsbeleuchtung seinen Zauber auf den Betrachter ausüben kann.

Das originale Gebäude setzte sich aus zwei Teilen zusammen: der Fachwerk-Kopfbau, genannt „Haus zur Weißen Taube", ist der Zeit um 1500 zuzuordnen, ein kleinerer angrenzender Bau von 1700 fasste Räume der „Apotheke zum güldenen Löwen". Das Haus war

lange Zeit verputzt, bis 1925 die ursprüngliche Fassade freigelegt wurde. Heute befindet sich im Haus keine Apotheke mehr, sondern ein Kunstantiquariat. Außerdem hat hier die Christian-Schad-Stiftung bis zu ihrem Umzug in das Christian Schad Museum in der Pfaffengasse ihren Sitz. Sie verwaltet den Nachlass des Malers, der fast 40 Jahre mit Aschaffenburg verbunden war: über 3200 Objekte.

Main

Zwei Bäche im Fichtelgebirge, der Weiße und der Rote Main, vereinigen sich bei Kulmbach zum Main (Aschaffenburger Dialekt: Mää). Der vielfach gestaute Fluss mündet nach 527 Kilometern bei Mainz-Kostheim in den Rhein. In Aschaffenburg beträgt sein durchschnittlicher Abfluss etwa 180 Kubikmeter pro Sekunde.

Der Main ist Teil der Wasserstraße von der Nordsee bis zum Schwarzen Meer. Was das für Aschaffenburg bedeutet, steht im Kapitel →*Hafen*.

In ökologischer Hinsicht ist der Main als langsam fließendes Gewässer stärker belastet als der Rhein. Dennoch hat sich in den letzten Jahren einiges gebessert, sodass wieder 28 Fischarten heimisch sind (in den 1970ern: sieben bis acht). Der Main wird der Wassergüteklasse 2 (gut) zugeordnet. Dies stellt eine entscheidende Verbesserung gegenüber den 1970er-Jahren dar, als der Main als nahezu „biologisch tot" galt. Der bayerische Untermain bei Aschaffenburg eignet sich bestens als Fotomotiv, etwa in Verbindung mit →*Schloss Johannisburg* und →*Pompejanum*, darüber hinaus mit den Wäldern des →*Spessarts*, den romantischen Stadtbildern von Miltenberg und Seligenstadt sowie den Weinbergen bei Klingenberg. Hier durchfließt er eine ländliche Gegend, während er sich ab Hanau größtenteils durch Städte und Industrielandschaften bewegt.

Blick vom Pompejanum mainaufwärts

Mainbrücken

In Aschaffenburg überqueren fünf Brücken den →Main und prägen das Stadtbild. Folgt man der Fließrichtung des Flusses von Süd nach Nord trifft man zuerst auf die Staustufe →Obernau, die 1926–29 gebaut wurde und über einen Fußgängersteg passierbar ist. Weiter nördlich, zwischen →Nilkheim und Obernau, befindet sich die Nilkheimer Mainbrücke. Diese 270 Meter lange Brücke hat den Zweiten Weltkrieg unbeschadet überstanden und dient seit 1911 als Eisenbahnbrücke.

Blick von der Adenauer-Brücke über die Anlegestelle Am Floßhafen in Richtung Innenstadt

Zu den drei Straßenbrücken gehören die Konrad-Adenauer-Brücke, die Nilkheim und die Innenstadt verbindet, sowie die Friedrich-Ebert-Brücke, die →Leider und Stadtmitte verknüpft.

Auf eine besonders lange Geschichte kann die Willigisbrücke in der Nähe des →Schlosses zurückblicken: Der Erzbischof von Mainz, Willigis, ließ an ihrem Standort im Jahr 989 eine erste Holzbrücke über den Main bauen und schaffte damit den zu dieser Zeit einzigen Flussübergang zwischen Frankfurt und Würzburg. Aschaffenburg wurde daraufhin Zollstätte. Nach ihrer Zerstörung durch schweren Eisgang 1408 wurde sie als Steinbogenbrücke neu gebaut. Einer Sage nach hat der schlagfertige Kapuziner Bernhard von Trier 1631 auf dieser Brücke den schwedischen König Gustav II. Adolf von der Verschonung der Stadt und des Schlosses überzeugen können.

Die heutige Brücke ist ein Nachkriegsbauwerk von 1969. In Richtung →Schönbusch kann man von der Brücke aus wunderbar die als Bayerisches Denkmal verzeichnete „Kleine Schönbuschallee" entlangpromenieren.

Maulaff

Ein Wahrzeichen der Stadt: Der Aschaffenburger Maulaff ist eine fast lebensgroße, bemalte Holzfigur aus dem Jahr 1778. Er stellt einen Spessartbauern in Tracht dar, der sich auf einen langen, schweren Stock stützt. Der Maulaff war im Park →*Schönbusch* aufgestellt, wo ihn die Kurfürstliche Hofgesellschaft zur Belustigung als Spielgerät nutzte: Es galt, ihm eine Art Billardkugel in den weit geöffneten Mund zu werfen. Nach dem Ende der Mainzer Herrschaft war er lange Zeit in wechselndem Privatbesitz. Zwischenzeitlich nannte man ihn z. B. „Nilkheimer Maulaff", als er dem Besitzer des Nilkheimer Hofes, Carl Constantin Victor Freiherr von Mergenbaum, gehörte und dieser den Maulaff zu Abwehr von Schaulustigen am Fenster seines Arbeitszimmers platzierte.

Nach dem Ersten Weltkrieg wurde der Maulaff seiner Vaterstadt zurückgegeben und ist heute im Schlossmuseum Aschaffenburg zu sehen.

Museum jüdischer Geschichte und Kultur

Eine jüdische Schule in Aschaffenburg wurde erstmals 1267 erwähnt. Ein Neubau von 1893 ersetzte die Synagoge von 1698 am heutigen Wolfsthalplatz nahe der Friedrichstraße im Stadtzentrum. Jüdische Deutsche spielten eine wertvolle Rolle im Wirtschaftsleben der Stadt, etwa als Inhaber von Kleiderfabriken. Bekannt war z. B. das Kaufhaus von Mathias und Ludwig Löwenthal in der Herstallstr. 17. 1933 lebten 591 Juden in Aschaffenburg. Die Nationalsozialisten zündeten auch hier die Synagoge

Früheres Rabbinatsgebäude mit der Skulptur „Zeitwagen" von Bildhauer Rainer Stolz aus Sailauf

Torawimpel

1938 an und rissen die Überreste im Jahr darauf ab. Im früheren Rabbinatsgebäude am Wolfsthalplatz befindet sich seit 1984 ein Dokumentationszentrum über die Geschichte der hiesigen jüdischen Gemeinde. Der Platz ist nach dem jüdischen Bankier Otto Wolfsthal aus Aschaffenburg benannt, der für Juden und Christen ein sehr bedeutender Wohltäter war. Als er den Deportationsbefehl nach Theresienstadt erhielt, beging er mit seinen Angehörigen Suizid. Heute existiert keine jüdische Gemeinde mehr in Aschaffenburg.

Sakrale Gegenstände aus der Synagoge

Nilkheim
mit Nilkheimer Park

Dieser südwestliche Stadtteil liegt nahe dem ausgedehnten →*Landschaftspark Schönbusch* an der Straße Richtung Großostheim. Er hat etwa 5400 Einwohner.

Ein Dorf namens Nilkheim bestand schon in der frühen Neuzeit, ging aber spätestens im Dreißigjährigen Krieg unter. Stattdessen entstand in den 1930er-Jahren eine Barackensiedlung für Obdachlose, aus der sich noch vor dem Zweiten Weltkrieg ein eigener Stadtteil herausbildete, der seit 1950 den alten Namen Nilkheim trägt. Heute ist Nilkheim Standort des Gabelstaplerherstellers Linde Material Handling. Die Aschaffenburger Polizei hat dort ihren Sitz im Lorbeerweg.

Der fünf Hektar kleine Nilkheimer Park zwischen der Großostheimer Straße und dem →*Main* ist nur wenig jünger als die →*Fasanerie* und der Schönbusch. Hier befinden sich die Reste eines römischen Bades, das ursprünglich zum Kastell auf der heutigen Gemarkung Stockstadt gehörte. Als dort 1968

Blick zum Monopteros

ein Fabrikbau anstand, wurden die Reste in das sehr nahe gelegene Nilkheim verlegt. Daneben steht ein Obelisk (1819).

Darüber hinaus erkennt der Besucher schon beim Betreten des Parks zwei Pavillons: den Spiegelsaal (1830–35) und den Speisesaal, sowie einen Monopteros (offenen Rundtempel).

Spiegelsaal

Alter Turm der Pfarrkirche

Obernau

Der Stadtteil Obernau, etwa zwei Kilometer außerhalb mainaufwärts auf der rechten Flussseite gelegen, weist eine sehr lange Besiedlungsgeschichte auf: Schon in der Mittelsteinzeit haben hier Menschen gelebt. Obernau ist seit 1169 nachgewiesen (auch wenn diese Urkunde nur in Abschrift vorliegt). Die älteste im Original überlieferte Urkunde datiert von 1191. Von der Ortsbefestigung aus der Zeit um 1440 sind nur wenige Reste erhalten, sie wurde nach und nach im 19. Jahrhundert abgebaut.

Die Hauptstraße, dank einer Ortsumgehung verkehrsarm, ist vom alten Ortskern erhalten geblieben. Einige Häuser stammen aus der Zeit um 1600, andere aus dem frühen 19. Jahrhundert und sind schön restauriert. Von der ursprünglichen Kirche von 1793 sind nach einem Brand 1942 nur noch Turm und Westfassade (zur Hauptstraße hin) geblieben, ein Neubau wurde 1962 errichtet.

Hauptstraße

Geißenbrunnen (Dialekt: Gaasebrunne), entworfen 1988 von dem Obernauer Gerhard Gröters. Die Skulptur soll den Spruch illustrieren:

*In Obernau
Da ist der Himmel blau.
Da tanzt der
Ziegenbock mit
seiner Frau.*

Das Ende der Selbstständigkeit Obernaus zeichnete sich 1971 ab, als die Bezirksregierung Unterfranken und die Bayerische Staatsregierung im Rahmen der Gebietsreform den Beitritt Obernaus zu Aschaffenburg vorschlugen. Der Gemeinderat lehnte einstimmig ab, der Kreistag ebenfalls, die Bevölkerung entschied sich in einer Bürgerbefragung mit 1860 gegen 180 Stimmen für die Eigenständigkeit (wahlberechtigt waren 2366 Obernauer Bürgerinnen und Bürger). Dennoch beschloss der Landtag 1976 die Eingemeindung Obernaus in die Stadt zum 1.5.1978. Ein Normenkontrollantrag des Obernauer Bürgermeisters gegen diese Entscheidung blieb 1977 erfolglos.

Heute hat Obernau etwa 5000 Einwohner.

Park Schöntal

Das Schöntal, zwölf Hektar groß, liegt in unmittelbarer Nähe zur →*Altstadt* und ist der mit großem Abstand älteste Park in Aschaffenburg. Er wurde Mitte des 15. Jahrhunderts vom Mainzer Kurfürsten Dietrich Schenk von Erbach außerhalb der Stadt zur Versorgung der Schlossküche mit Wildbret angelegt.

Um 1500 ließ der Erzbischof und Kurfürst Albrecht von Brandenburg in diesem „Tiergarten" zudem ein Kloster der christlichen Gemeinschaft der Beginen errichten. Der Kurfürst erweiterte den Park um 1530 um einen Hofküchengarten.

Die Umgestaltung zu einem englischen Landschaftsgarten erfolgte um 1780 durch den von Erthal engagierten Gartenkünstler Friedrich Ludwig Sckell, der auch für die Planung des →*Landschaftsparks Schönbusch* eingesetzt wurde. Dabei wurde die Ruine der „Kirche zum Heiligen Grabe" des ehemaligen Beginenklosters in die Gestaltung einbezogen. Das Gebäude

wurde bereits 1552, wenige Jahre nach seiner Erbauung (1543–45) infolge von zwei Kriegen größtenteils zerstört. Die Kirchenruine wurde von Sckell mit einem eigens dafür angelegten Teich umgeben, der vom Röderbach gespeist wird: ein romantisches Motiv.

Mit der historischen Stadtmauer und dem Schenkenturm in Nähe der Kirchenruine sind noch weitere Bauelemente aus der Entstehungszeit zumindest in Teilen erhalten geblieben. Der Schenkenturm, in der Überlieferung auch Hexenturm oder Wartturm, wurde zeitgleich mit der Stadtmauer im 15. Jahrhundert errichtet. Ihr Bau erfolgte im Zuge der von Dietrich Schenk von Erbach initiierten Stadterweiterung.

Im Magnolienhain

Einst gab es mehr als 15 Stadttürme. Der quadratische, drei Geschosse hohe Schenkenturm war im Volksmund auch unter den Namen „Gespensterturm" oder „Brauereiturm" bekannt.

Auf der östlichen Seite des Parks befindet sich die Orangerie, die Ende des 18. Jahrhunderts nach Plänen von Emanuel Joseph d'Herigoyen erbaut wurde und heute als Restaurant und Kabarettbühne („Hofgarten") dient.

Der nördliche Teil des Parks wurde noch bis in die 1950er-Jahre vom Bayerischen Staat als Hof- und Gemüsegarten genutzt, bis er dann in das Eigentum der Stadt Aschaffenburg überging.

Wegen seiner Lage inmitten der Innenstadt ist das Schöntal viel besucht. Im Frühjahr zieht besonders der blühende Magnolienhain die Menschen an. In den Sommermonaten finden bei gutem Wetter an den Sonntagvormittagen die „Schöntalkonzerte" auf der Freilichtbühne im Inneren des Parks bei freiem Eintritt statt. Außerdem bietet der Park mit dem Duft- und Tastgarten sowie einem großen Kinderspielplatz weitere Abwechslung.

Die Ruine im Schöntal

Pompejanum

Vom →*Schlossgarten*, vom Freibad in →*Leider* und der Ebertbrücke aus ist ein außergewöhnliches Gebäude in gelbem Farbton sofort zu erkennen: das Pompejanum.

Der Italien-begeisterte bayerische König Ludwig I., der sich gerne in Aschaffenburg aufhielt, gab den Bau einer Villa hoch über dem →*Main* in Auftrag. Es sollte ein idealtypischer Nachbau des prächtigen „Hauses der Dios-

Ansicht von Osten auf das Pompejanum

kuren" in Pompeji werden. Der Nachbau der römischen Villa war kein Selbstzweck – vielmehr wollte Ludwig seinen kunstliebenden Untertanen, die sich keine Italienreise leisten konnten, die römische Antike nahebringen. Hierin dokumentiert sich beispielhaft die Antikenbegeisterung des 19. Jahrhunderts. Das Vorbild des Pompejanums war 79 n. Chr. durch den Ausbruch des Vesuvs untergegangen und 1828/29 ausgegraben worden.

Der Garten (Viridarium) im rückwärtigen Hausteil

Der Architekt für den Nachbau war Friedrich Wilhelm von Gärtner (1791–1847), der auch die Befreiungshalle bei Kelheim, den Arkadenbau in Bad Kissingen und zahlreiche repräsentative Bauten an der Münchner Ludwigstraße entworfen hatte. Er zählt zu den bedeutendsten Baumeistern seiner Zeit. Das Pompejanum wurde von 1840 bis 1848 errichtet. Bei der farblichen Außengestaltung in „Pompeji-Rot" und Maisgelb orientierte man sich an toskanischen Traditionen. Auch die Innengestaltung kopierte das antike Vorbild. Für die prunkvolle Ausmalung der Innenräume und für die Mosaikfußböden waren die namhaften Künstler Christoph Friedrich Nilson, Joseph Schlotthauer und Joseph Schwarzmann verantwortlich. In seiner Gestaltungsweise ist das „Pompejanische Haus" ein Unikum in Deutschland. Das Original ist allerdings nicht eins zu eins nachgebildet: Dem Pompe-

Aus dem Innenhof (Atrium) mit Wasserbecken heraus blickt man auf Schloss Johannisburg.

Längstrakt im Obergeschoss

Wechselausstellungen widmeten sich u. a. der griechischen Götterwelt sowie (im Jahr 2019) den Tieren im Leben der Römer.

Direkt am Pompejanum liegt der traditionsreichste Weinberg Aschaffenburgs. Aufgrund seiner geringen Größe und des begrenzten Ertrags wird der „Pompejaner" Wein nur bei exklusiven Anlässen gereicht.

23 418 Besucher kamen im Jahr 2018 in das „Pompejanische Haus".

Vor allem bei sonnigem Wetter ist der Blick auf Main und →Schloss von hohem ästhetischen Reiz.

janum wurde zur Mainseite hin noch ein Aussichtspavillon (Königszimmer) im zweiten Stock angebaut sowie eine eindrucksvolle Außentreppe angefügt.

Im Zweiten Weltkrieg teilweise zerstört, wurde das Pompejanum bis 1960 äußerlich restauriert. Erst seit 1993/94 dient es mit seinem wieder hergestellten bzw. neu geschaffenen Interieur als Museum für Kunst und Kultur der Antike. Die Dauerausstellung zeigt originale altrömische Gegenstände aus der Staatlichen Antikensammlung, etwa die Plastik eines betrunkenen Satyrs, zwei marmorne Kandelaber und ein Wasserbecken.

In den Innenräumen befinden sich originale römische Kunstwerke.

Radio und Fernsehen in privater Hand

Das bayerische Mediengesetz von 1984 eröffnete die Möglichkeit der Gründung privater Radio- und Fernsehstationen.

Radio Primavera sendet seit dem 15. Mai 1987. Kennzeichnend für den werbefinanzierten Sender ist eine gängige Unterhaltungsmusik, ferner Volksmusik. Zielgruppe sind 35- bis 59-Jährige. Es handelt sich um ein 24-Stunden-Vollprogramm, das über 100.4 MHz in Aschaffenburg und auf DAB+ in fast ganz Unterfranken und den angrenzenden südhessischen Landkreisen zu empfangen ist. Die Web-Radio-Adresse lautet: https://www.radio.de/s/radioprimavera.

Der Fernsehsender main.tv begann als Web-TV im Jahr 2006 und fusionierte im Januar 2009 mit dem Lokalsender TV Touring Aschaffenburg. Seitdem ist main.tv über Kabel, Satellit und Internet zu empfangen. main.tv bietet Berichterstattung über Aschaffenburg und Umgebung (Motto: „Nur wir sind von hier"). Ausgehtipps, Polizeiberichterstattung, lokale Neuigkeiten, Sport, Wetter, Politik, Wirtschaft und Boulevard sind die Schwerpunkte, außerdem Medizin und ausführliche Beiträge über Digitalisierung („mainproject digital").

Radio Primavera und main.tv werden von der Funkhaus Aschaffenburg GmbH und Co. Studiobetriebs KG in Aschaffenburg betrieben.

Das Funkhaus Aschaffenburg

Rathaus

1944 ging auch das klassizistische Rathaus in der Dalbergstraße 15 im Bombenkrieg unter. Der Neubau, entworfen von dem Göttinger Architekten Diez Brandi (1901–85), war 1958 fertiggestellt. Die „Main-Post" aus Würz-burg schrieb kurz vor Baubeginn vom „modernsten Rathaus ganz Frankens". Das Rathaus präsentiert sich als dreiteilige Anlage zwischen dem Stiftsplatz und den Fachwerkhäusern der südlichen Dalbergstraße. Der nördliche Teil, dicht an der Stiftsbasilika gelegen, ist ein siebenstöckiger, fast wür-

felförmiger Quader mit großen Fenstern, dessen Fassade mit roten Sandsteinplatten verkleidet ist. Durch diese Farbgebung ist ein unaufdringlicher Bezug zu →Schloss und →Stiftskirche geschaffen. Dort sind das Büro des Oberbürgermeisters, eine Bibliothek und der kleine Sitzungssaal angesiedelt.

Der dreigeschossige Mittelbau, etwas zurückgesetzt, dient als Verwaltungstrakt. Er umschließt einen Innenhof. Rechts davon schließt sich der „Sitzungsbau" mit großem Ratssaal im ersten Stock und Balkon an, dessen Portikus vom zerstörten Vorgängerbau (1790) übernommen wurde. Die südliche Fassade, im rechten Winkel zur Dalbergstraße, ist von Weinreben umrankt. Das bronzene Portal des Haupteingangs zeigt Reliefs des hiesigen Künstlerpaares Gunther Ullrich und Ursula Ullrich-Jacobi mit Motiven der Stadtgeschichte: die Stadtgründung 974, Gustav Adolf vor dem Schloss 1631, die Stadt in Flammen 1945, der

Rathausbau als Neubeginn. Auch die Türgriffe (Löwenköpfe) stammen von Ullrich und Ullrich-Jacobi.

Im Lichthof, dessen Bemalung Hermann Kaspar (1904–1986) gestaltete, fällt die astronomische Uhr mit Mondphasen und Sternzeichen auf.

Der „Sitzungsbau" mit dem Säulenportius um 1790

Rathaus Sitzungssaal

Das Rathaus ist insgesamt ein moderner Bau, auch wenn Brandi auf die Vergangenheit anspielte: Eva Schestag schreibt im Bildband „Das Rathaus von Aschaffenburg. Ein neu entdecktes Baudenkmal der Fünfziger-Jahre" (München 2014), der Quader erinnere an den Palazzo

Rathaus astronomische Uhr

Strozzi, während der Lichthof (mit einer Glaskuppel) auf den Palazzo del Bargello verweise – beide stehen in Florenz, einer Stadt, in der Brandi viele Zeichnungen anfertigte. Seit 1991 steht das Rathaus unter Denkmalschutz.

Schloss Johannisburg mit Schlossgarten

2014 feierte die Stadt Aschaffenburg das 400-jährige Bestehen ihres markantesten Gebäudes: Schloss Johannisburg. Dabei handelt es sich um einen der bedeutendsten Schlossbauten der Renaissance in Deutschland. Auf einer Anhöhe über dem →*Main* gelegen, weithin sichtbar (reizvoll ist die Darmstädter Straße als Blickachse) ist das Schloss aus rotem Sandstein ein Wahrzeichen. Schon im Mittelalter gab es hier eine Burg, nach deren Zerstörung der erhaltene Bergfried in die Anlage einbezogen wurde: Von 1610 bis 1614 entstand unter Leitung des Architekten Georg Ridinger ein unverputztes Renaissancebauwerk aus vier dreigeschossigen Flügeln (87,5 mal 86 Meter Seitenlänge) und vier Ecktürmen von 62 Metern Höhe (gerechnet bis Wetterfahne). Bauherr war der Mainzer Erzbischof Johann Schweikhard von Kronberg, sodass es fortan die Zweitresidenz der Mainzer Kurfürsten (und

Der Innenhof mit dem Burgfried

Reichserzkanzler – der zweithöchste geistliche Würdenträger für die deutschen Lande nach dem Papst!) war. Mit der Besetzung von Mainz durch die Franzosen 1792 wurde der beeindruckende Bau kurzzeitig und ab 1794 dauerhaft zur Hauptresidenz.

Als König Gustav II. Adolf von Schweden im Dreißigjährigen Krieg in Aschaffenburg einzog, erklärte er, das neue Schloss niederbrennen zu müs-

Im Schlossgarten

sen. Ein pfiffiger Kapuzinerpater namens Bernhard von Trier antwortete ihm, er möge das prächtige Bauwerk doch auf Rädern (das allgegenwärtige Mainzer Wappen!) nach Schweden mitnehmen. Der König lachte und verschonte Schloss Johannisburg.

Anders verlief das Schicksal im Zweiten Weltkrieg, als durch Bomben und Artilleriebeschuss (im Keller hatte der Kommandant der „Festung Aschaffenburg" seinen Befehlsstand) das Schloss

bis auf die Umfassungsmauern zerstört wurde. Damit war auch der überwiegende Teil der Innenausstattung aus der Ära des Kurfürsten von Erthal vernichtet. Der Wiederaufbau war bis 1964 im Wesentlichen abgeschlossen. Kosten: 20 Millionen Mark (zum Vergleich: der Bau eines kleinen Wohnhauses kostete um 1955 etwa 40 000 Mark). Dabei kann die Leistung der Meisterschule für Steinmetze und Steinbildhauer (heute im ehemaligen Marstall, Schlossgasse 27) gar nicht hoch genug veranschlagt werden. Die Bayerische Verwaltung der staatlichen Schlösser, Gärten und Seen baute Johannisburg als Museum aus. Die Sammlung von Korkmodellen römischer Ruinen wie dem Kolosseum stellt den größten Bestand dieser Art weltweit dar. In der Dauerausstellung sind zahlreiche Gemälde Lucas Cranachs des Älteren, seiner Schüler sowie Werke aus dem späten 18. Jahrhundert zu sehen – insgesamt etwa 260 Bilder. Derzeit ist wegen Renovierungsarbeiten nur ein kleiner Teil der Bestände zugänglich. Im Jahr 2018 besuchten 32 011 Personen das Schlossmuseum; die derzeit noch anhaltende Renovierung dürfte einen Rückgang um mindestens 10 000 gegenüber der Besucherzahl von 2017 verursacht haben.

Häufig besucht werden auch die →*Hofbibliothek* und die Schlossweinstube. Eine Terrasse mit Restaurantbetrieb auf der Westseite und eine 130 Meter lange, 13 Meter hohe Sandsteinmauer zum Main runden das Monument ab.

Vom Schloss bis zum →*Pompejanum* erstreckt sich der Schlossgarten. Ein weithin erkennbarer, kleiner Bau auf einem Felsvorsprung ist der klassizistische Pavillon namens „Frühstückstempel", entworfen von Emanuel Joseph von Herigoyen 1782 während der Regentschaft des Friedrich Carl Joseph von Erthal.

Frühstückstempel im Schlossgarten

Schönborner Hof

In der Wermbachstraße an der Einmündung der Löherstraße fällt ein barocker dreiflügeliger Gebäudekomplex auf: der Schönborner Hof. Erbaut wurde das Stadtpalais von 1673 bis 1681. Das barocke Gebäude ist benannt nach dem Mainzer Obersthofmarschall Melchior Friedrich Freiherr von Schönborn und seiner Familie und diente ihnen bis 1832 als Wohnsitz. Das Adelsgeschlecht der Schönborn brachte zahlreiche Kirchenfürsten und bedeutende Bauherren der Barockzeit in Süddeutschland hervor. Melchiors Bruder Lothar Franz war ab 1685 Kurfürst und Erzbischof von Mainz.

Seit 1832 befindet sich der Schönborner Hof im Besitz der Stadt. Im Laufe der Zeit wurde er etwa als Gerichts- und Verwaltungsgebäude, als Sitz der Städtischen Sparkasse sowie als Stadtpost und Volksschule genutzt. Ähnlich wie →Schloss und →Pompejanum war der Schönborner Hof im Krieg erheblich zerstört – auch hier erscheint der Wiederaufbau perfekt gelungen. Heute beherbergt der Schönborner Hof gleich mehrere Institutionen. Dazu gehört das Naturwissenschaftliche Museum mit einer Mineraliensammlung und Exponaten zu Fauna und Flora des →Spessarts. Auch das Stadt- und Stiftsarchiv ist hier angesiedelt. Der überregional bedeutsame Bestand reicht zurück bis ins Hochmittelalter und beinhaltet kulturelle Schätze der Lokalgeschichte. Auch präsentiert das Archiv wechselnde Ausstellungen wie „Schaufenster zur Stadtgeschichte. Julius Maria Becker. Die unbekannten Seiten des Dichters." Seit 1988 veröffentlicht das Stadt- und Stiftsarchiv Studien zur Stadtgeschichte. Zum Archivgebäude gehören das mit interessantem Giebel geschmückte „Storchennest" (heute ein Vortragssaal) sowie die historische Hauskapelle mit einem Barockaltar von 1681.

Außerdem hat der →Geschichts- und Kunstverein e. V. im Schönborner Hof seinen Sitz. Neben der Landeskundlichen Bibliothek und dem Pressearchiv befindet sich im Gebäude auch der Heimatraum der Graslitzer (Aschaffenburg ist Patenstadt der Vertriebenen aus Graslitz/Kraslice in Tschechien).

Innenhof des Schönborner Hofes, im Erdgeschoss des Turmes befindet sich die historische Hauskapelle

Schweinheim

Der südlich gelegene Stadtteil Schweinheim kann ähnlich wie →*Obernau*, →*Damm* und →*Leider* auf eine sehr lange Besiedlungsgeschichte bis zur Steinzeit verweisen. Die erste schriftli-

Die Pfarrkirche Maria Geburt

che Erwähnung stammt von 1226. Der Name ist von einem Wildschweinpark der Mainzer Kurfürsten abgeleitet. Der alte dörfliche Ortskern um die neugotische Marienkirche ist noch immer leicht zu erkennen. Die Gemeinde kam 1939 mit etwa 5000 Einwohnern zur Stadt Aschaffenburg. Seitdem sind Innenstadt und Stadtteil zusammengewachsen. Derzeit leben um die 11 000 Menschen in Schweinheim.

Von 1949 bis 1992 nutzte die amerikanische Garnison Teile Schweinheims als Standort und den Schweinheimer Wald als Übungsplatz. Anschließend trainierten noch bis 2006 auswärtige amerikanische Einheiten im Gelände zwischen Schweinheim und →*Gailbach*. Dieser größtenteils bewaldete ehemalige Truppenübungsplatz ist mittlerweile zu einem großen Teil (237 Hektar) als Naturschutzgebiet ausgewiesen. Um die 75 Hektar großen Wiesenflächen nicht zuwachsen zu lassen, wurden hier 2017/2018 einige Heckrinder und Przewalski-Wildpferde angesiedelt.

Zwischen Obernau und Schweinheim, am Erbig-Hügel, befindet sich ein alter jüdischer Friedhof mit 542 Grabsteinen aus dem 18., 19. und 20. Jahrhundert. Er ist nicht öffentlich zugänglich.

Spessart

Für Aschaffenburger liegt der Spessart quasi vor der Haustür. Der 2440 Quadratkilometer große Naturpark erstreckt sich unmittelbar östlich von Aschaffenburg bis Lohr sowie zwischen →Main und Kinzig. Hervorzuheben sind die vielen Wanderwege durch den Laubmischwald: Einige, wie der Eselsweg und die Birkenhainer Straße, sind vor Jahrhunderten als Handelsrouten benutzt worden. Über das Hafenlohrtal schrieb der Hochspessart-Besucher Kurt Tucholsky 1927: „Wenn Landschaft Musik macht: dies ist ein deutsches Streichquartett". Der höchste Berg ist der Geyersberg mit 583 Metern.

Zu empfehlen ist ein Besuch der Altstädte von Miltenberg, Wertheim und Gelnhausen mit ihren prächtigen Beständen an Fachwerkhäusern. Auch an einzelnen herausragenden Bauwerken mangelt es nicht: Schloss Mespelbrunn,

Schloss Rothenfels unweit von Marktheidenfeld, Ruine Henneberg bei Stadtprozelten.

Am westlichen Rand des Spessarts, zwischen Kleinostheim und Karlstein, erstreckt sich das Feld der Schlacht von Dettingen (1743), als ein Bündnis aus Engländern, Hannoveranern und Österreichern die französische Heeresgruppe stoppte – ein Ereignis von europäischer Bedeutung.

Das Wirtshaus im Spessart, von dem schwäbischen Dichter Wilhelm Hauff in seiner Novelle unsterblich gemacht und später sehr frei verfilmt, befindet sich in Hessenthal wenige Kilometer östlich von Aschaffenburg: das Gasthaus Zur Post. Es entspricht in seinem Bau ganz der Beschreibung in Hauffs Werk. Eine Posthalterei in Rohrbrunn wurde schon vor 1820 aufgehoben, sodass Hauff auf seiner Spessart-Reise dort gar nicht Station machen konnte.

Der bayerische Spessart (hier: Wiesen) ist traditionell eine katholische Gegend.

Literaturtipp: Regine Trippe/ Doris Schneider: Das kleine Spessart-ABC, Husum 2016

Ruine Henneburg, Stadtprozelten am Main

Städtepartnerschaften

Aschaffenburgs Partnerstädte sind Perth in Schottland, Saint-Germain-en-Laye und Miskolc.

Den Anfang machten die Beziehungen zu Perth bereits 1956. Die alte Residenzstadt Saint-Germain bei Paris folgte 1975, die Großstadt Miskolc im Nordosten Ungarns 1996.

Kontakte bestehen freilich nicht nur auf der „amtlichen" Ebene. Seit 1979 wirkt in Aschaffenburg der Freundes-

kreis Perth and Kinross, der die Städtepartnerschaft mit der schottischen Stadt mit Leben ausfüllen hilft. Insbesondere gilt es den Schüler- und Jugendaustausch zu fördern, Bürgerbegegnungen zu unterstützen sowie das Verständnis für Gesellschaft, Sport, Kultur und Geschichte beider Städte durch Studienfahrten und Veröffentlichungen zu vertiefen.

In Perth formierte sich im gleichen Jahr der Verein Friends of Aschaffenburg, der Kontakte von schottischen Gruppen und Firmen in Aschaffenburg organisieren hilft.

Auch mit Saint-Germain (bekannt durch den Friedensvertrag der Entente mit Österreich 1920) und Miskolc gibt es einen Austausch, wie etwa gegenseitige Schülerbesuche dank einiger Schulpartnerschaften. Der Freundeskreis Saint-Germain hat sein Gegenstück im französischen Association des Amis du Jumelage.

Teil der Mainuferpromenade „Perth Inch"

Stiftskirche (Stiftsbasilika)

Die Stiftskirche befindet sich auf dem höchsten Punkt der →*Altstadt* (140 m über dem Meeresspiegel), sodass sie weithin sichtbar ist. Sie ist die älteste Kirche der Stadt, größtenteils ist sie romanisch und frühgotisch gestaltet, der Turm entstammt der Spätgotik. Auffallend sind die zahlreichen Grabplatten am Eingang (Westportal).

Eine barocke Treppe führt vom Stiftsplatz in diese Basilica Minor, also in eine vom Vatikan als außerordentlich bedeutend eingeschätzte Kirche: Ihre tausendjährige Geschichte und ihre Rolle für die Stadtgeschichte gaben den Ausschlag für diese Auszeichnung

Das Triumphkreuz vom Ende des 10. Jahrhunderts ist eines der Schätze der Stiftskirche.

1958. Mit „Stift" (Kollegiatstift) ist eine Gemeinschaft von Weltpriestern (im Gegensatz zu einem Mönchsorden) gemeint. Als einzige Kirche weltweit ist die Stiftskirche Petrus und zugleich Alexander (dem sechsten Papst) geweiht: Am Westportal sieht der Besucher eine Darstellung Christi mit den beiden Patronen.

In der Stiftskirche befinden sich einige Kunstwerke von überregionaler Bedeutung. Ein überlebensgroßes ottonisches Kruzifix aus der Zeit um 980 zeigt Christus, den Kopf aufrecht auf der Höhe der Arme und des Querbalkens – in innerer Ruhe, geradezu ausgeglichen, weder als Leidender noch als Todesüberwinder. Meister und Werkstatt sind unbekannt.

Blick zum Hochaltar

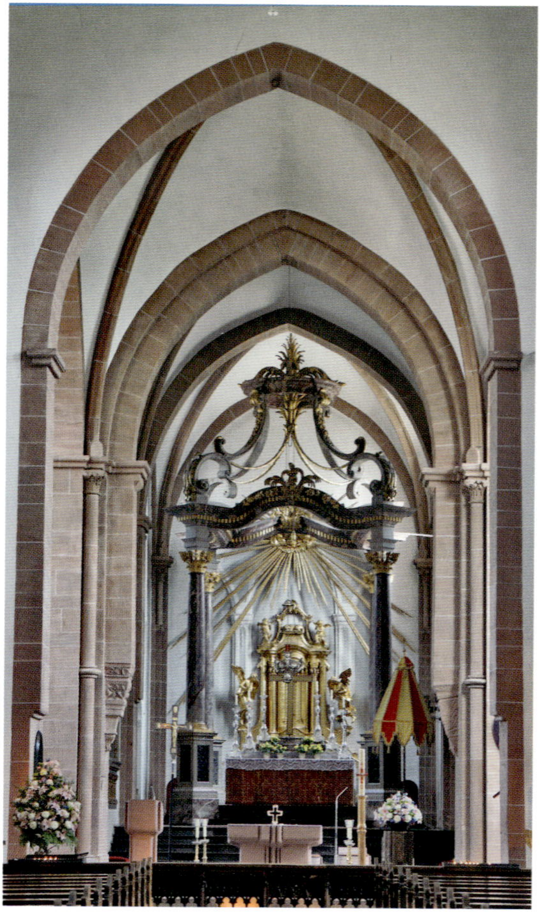

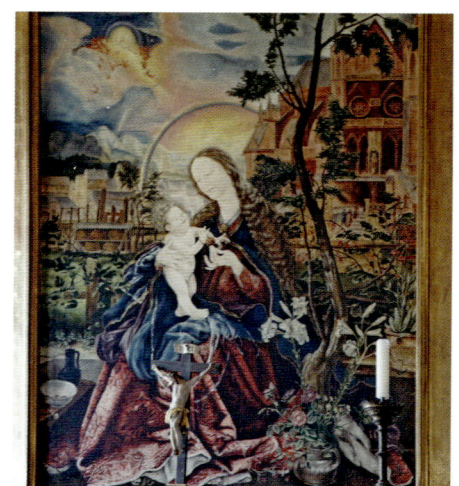

Kopie der Suppacher Madonna

Matthias Grünewald, von Kurfürst Albrecht von Brandenburg beauftragt, schuf mit der „Beweinung Christi" eine Altartafel – die übrigen Altarteile bestehen nicht mehr. Die „Beweinung" ist im Hauptschiff vorne rechts vom Altar zu sehen. Albrecht floh seinerzeit vor der Reformation aus Halle/Saale, wo Grünewald sein Hofmaler war.
Die Kapelle Maria Schnee im Hauptschiff hinten links enthielt einst als Andachtsbild jene Mariendarstellung, die sich seit den Bauernkriegen im Bad

Mergentheimer Stadtteil Stuppach befindet (Stuppacher Madonna). Eine Kopie von Christian Schad, 1942 bis 1947 geschaffen, ersetzt heute in der Stiftskirche das originale Gemälde Matthias Grünewalds von 1515.

Die älteste Glocke (Gewicht: eine Tonne) stammt aus dem 14. Jahrhundert. Die anderen Glocken wurden in den Weltkriegen eingeschmolzen und im Zuge der Wiederherstellung nach 1945 ersetzt.

Hinter der Stiftskirche (Stiftsgasse 6) befindet sich der Dekanatshof, 1751 bis 1756 als Wohnsitz der Dekane errichtet und nach starker Beschädigung im Zweiten Weltkrieg 1969 bis 1972 wieder aufgebaut.

Allegorische Figurengruppe als Denkmal für Friedrich Carl Joseph von Erthal

Stiftsmuseum

Was das Dommuseum für ein Bistum ist, das ist das Stiftsmuseum für das Stift bzw. das Dekanat Aschaffenburg. Hier, im früheren Stiftskapitelhaus unmittelbar neben der Basilika, befindet sich der Stiftsschatz, der zu den herausragenden mittelalterlichen und frühneuzeitlichen Kirchenschätzen in Deutschland gehört – reich illustrierte Evangeliare, Monstranzen, Messbücher, Madonnenfiguren aus Lindenholz sind zu nennen. Hauptwerke sind die vergoldeten Reliquienbüsten der Heiligen Petrus und Alexander (1473 und 1410). Die Dauerausstellung „Pracht und Glaube" präsentiert erstmals seit 200 Jahren den vollständigen Magdalenenaltar des älteren Cranach.

Der Magdalenen-Altar

seine Stiftskirche in Halle an der Saale bestellt hatte. Als Dauerleihgabe der Bayerischen Staatsgemäldesammlungen befindet sich dieses hervorragende, an Details reiche Kunstwerk nun in Aschaffenburg. Außergewöhnlich erscheint ein Brettspiel, geschaffen um das Jahr 1300, das für Schach und Tric Trac gedacht war. Verwendet wurden Holz, Silber, Jaspis, Bergkristall und bemalter Ton. Das Brettspiel diente auch als Reliquienbehältnis.

Dabei handelt es sich um ein Tafelgemälde auf Lindenholz aus der Zeit um 1525, das den Heiligen Valentin, die heilige Martha und den Heiligen Chrysostomus auf den Seitentafeln sowie Christi Auferstehung in der Mitte (Festtagstafel) darstellt. Das Bild zeigt nicht nur einen von Engeln umgebenen Christus, sondern auch diverses Höllengetier, das vor ihm flieht. Auftraggeber war Albrecht von Brandenburg, der es für

Darüber hinaus zeigt das Museum Bestände aus der Vorgeschichte und der Antike, soweit sie aus der näheren Umgebung Aschaffenburgs stammen. Dazu gehören keltische Grabbeigaben und römische Inschriften.

Das Gebäude umschließt den Kreuzgang der Stiftskirche aus dem 13. Jahrhundert.

Strietwald

Der Stadtteil Strietwald oder auch Strietwaldsiedlung liegt im nordwestlichen Stadtgebiet und grenzt, unter anderem entlang der →*Aschaff*, an den Stadtteil →*Damm*. Namensgebend war das anliegende Waldgebiet „Strietwald". In diesem Wald entdeckte man bei Ausgrabungen an Hügelgräbern archäologische Funde, die auf eine frühe Besiedlung vom Ende der Jungsteinzeit bis in die frühe Eisenzeit schließen lassen.

In den 1930er-Jahren begann der Bau der Strietwaldsiedlung, die 190 Häuser mit 260 Wohnungen umfasste (1939). Dabei handelt es sich um zweigeschossige Reihenhäuser und eingeschossige, spitzgiebelige Doppelhäuser. Dieser Kern ist heute von zahlreichen neueren Bauten, unter anderem Bungalows, umgeben.

Strietwald hat etwa 3200 Einwohner und ein reges Vereinsleben. Jedes Jahr feiert man dort in Tradition seit 1949 am ersten Septemberwochenende die sogenannte „Gickelskerb", ein viertägiges, großes Familienfest.

Die katholische Pfarrkirche St. Konrad im Strietwald wurde 1953/54 erbaut.

Technische Hochschule Aschaffenburg

Aschaffenburg nennt sich Hochschulstadt. Was steckt dahinter? Die Karls-Universität des Freiherrn von →*Dalberg* ist nicht wiederbelebt worden. Vielmehr gründete die Fachhochschule Würzburg-Schweinfurt 1991 eine Abteilung in Aschaffenburg. Sie siedelte sich in der (1896 fertiggestellten) Jäger-Kaserne in der Würzburger Straße an, die seit 1945 von den amerikanischen Truppen genutzt und nach der Wiedervereinigung frei wurde. 1995 begann die Selbstständigkeit der Aschaffenburger FH, die nach 2007 als Hochschule und seit 2019 als Technische Hochschule firmiert.

Sie verfügt über zwei Fakultäten: Ingenieurwissenschaften (zwölf Studiengänge) und Wirtschaft/Recht (sieben Studiengänge), deren Studierendenzahlen sich in etwa die Waage halten. An der TH-AB waren im Wintersemester 2018/19 3220 Studierende eingeschrieben. 375 kamen zu einem erfolgreichen Abschluss. Ca. 90 Prozent der Absolventen waren laut einer Befragung mit ihrem Studium sehr zufrieden bis zufrieden. 80 Prozent der nun erwerbstätigen Absolventen von 2018 arbeiten im Rhein-Main-Gebiet, mehr als zwei Dritteln davon gelang ein nahtloser Übergang von der Hochschule in den Beruf. 100 Professorinnen und Professoren, neun Lehrkräfte für besondere Aufgaben und 41 wissenschaftliche Mitarbeiter/-innen waren zum 31.12.2018 hier beschäftigt.

Das Zentrum für wissenschaftliche Services und Transfer ist die Forschungseinrichtung der TH-AB im benachbarten Obernburg. Hier ist es kleinen und mittelständischen Firmen möglich, bei beabsichtigten Innovationen mit hohem Forschungsrisiko Konzeptentwicklungen und Machbarkeitsanalysen durchzuführen.

Die Studierenden bewerten die Studienbedingungen in den Fächern Wirtschaftsingenieurwesen und Wirtschaftsrecht jeweils mit der Note 1,5 (CHE Ranking 2017/18). Noch etwas besser fielen die Noten für die Studiengänge Elektro- und Informationstechnik sowie Mechatronik aus (1,3). Als sehr gut, gerade auch im Vergleich mit anderen Hochschulen, werden Lehrangebot, Abschluss in angemessener Zeit, Betreuung durch Lehrende und Unterstützung im Studium eingestuft.

Das CHE-Hochschulranking 2020/2021 bestätigte die Spitzenposition. Wie schon 2012 und 2014 kam die Hochschule Aschaffenburg im allgemeinen Hochschulranking der Seite meinprof.de 2017 auf den ersten Platz: hier bewerten Studenten die Kurse ihrer Dozenten.

Jägerkaserne

Bibliothek der TH

T Theater

Im Mittelalter gab es noch keinen Theaterbau in Aschaffenburg. Für Unterhaltung sorgten reisende Akrobatengruppen. Nach 1644 kam das Schultheater des Jesuitengymnasiums hinzu, das nach dem ersten Abschied der Jesuiten 1774 zu Ende war. Erst der endgültige Umzug der Mainzer Klerikal-, Verwaltungs- und Geisteselite nach Aschaffenburg 1794 machte ein großes höfisches Theater notwendig. Der kunstsinnige Karl Theodor von →*Dalberg*, letzter Kurfürst und später Großherzog mit Sitz in Aschaffenburg, gründete 1811 das großherzoglich privilegierte Theater, das im Besitz einer kleinen Aktiengesellschaft war. Architekt des Theatergebäudes war einmal mehr Emanuel Joseph von Herigoyen. Mit dem Ende der Dalberg-Herrschaft wurde das Haus 1814 zum königlich bayerisch privilegierten Theater. Doch die höfische Gesellschaft war gegangen, und Aschaffenburg war aus Münchner Sicht weit entfernt, „an den Schwanzhaaren des bayerischen Löwen". 1851 verkauften die Besitzer das Theater an die Stadt. Der Bombenkrieg 1944 und 1945 zog das Stadttheater schwer in Mitleidenschaft. 1948 entschied der Stadtrat, wegen der hohen Kosten keine fest angestellten Bühnenkünstler mehr zu beschäftigen. Die subventionierten Gastspiele renommierter Bühnen haben seitdem keineswegs zu einer mangelnden Qualität geführt, im Gegenteil. Deutsche und internationale Ensembles, etwa aus Polen und Tschechien, treten hier auf, ebenso jede Menge populäre Stars des Tourneetheaters.

Von 2009 bis 2011 erweiterte die Stadt die Seite zum Theaterplatz durch eine Glasfassade, denn das Foyer war zu klein geworden. Diese Verbindung von alt und neu überzeugt insbesondere bei abendlicher Innenbeleuchtung.

→*Guido Knopp* nannte das Stadttheater, insbesondere den Zuschauerraum für 430 Zuschauer (Bühne 1), eines „der schönsten klassizistischen Theater Deutschlands", das „eine heitere, historische und trotzdem ernste Atmosphäre ausstrahlte".

Neben dem Stadttheater gibt es als Zimmertheater die Junge Bühne, das Ludwigstheater und das Erthaltheater.

Die Glasfensterseite zum Theaterplatz, davor die Sonnenuhr

Viktoria Aschaffenburg und Felix Magath

„Die Viktoria" ist der größte und erfolgreichste Fußballverein der Stadt. Er entstand 1902 aus der Fusion des im Jahr zuvor gegründeten FC Aschaffenburg mit dem wenige Monate jüngeren FC Viktoria Aschaffenburg. Eine Leichtathletikabteilung kam hinzu, und schon 1909 konnte das Sportgelände am →Schönbusch in Betrieb genommen werden – bis heute die Heimat des SV Viktoria 01 Aschaffenburg. Sehr erfolgreich war der Verein in den Jahren 1946 bis 1960, als die Viktoria in der Süddeutschen Oberliga, der höchsten Spielklasse, mitmischte – in guter Gesellschaft mit dem FC Bayern München, Eintracht Frankfurt, dem „Club" aus Nürnberg und dem VfB Stuttgart. Erst wieder im Jahre 1985 gelang mit Trainer Kurt Geinzer der Aufstieg aus der drittklassigen Oberliga Hessen in die Zweite Bundesliga. Die Viktoria nahm in drei Zweitliga-Spielzeiten manche Profis unter

Vertrag, die in Frankfurt oder Karlsruhe Erstliga-Luft geschnuppert hatten: Tobollik, Theiss, Dittus, Sarocca, Haub. 1987 stieg der Verein in die Oberliga ab, schaffte 1988 die Rückkehr, um 1989 erneut in der Drittklassigkeit zu landen. Seitdem spielte die Viktoria im Amateurbereich (Klassen drei bis sechs), derzeit in der viertklassigen Regionalliga Bayern. Eine Insolvenz konnte 2010 abgewendet werden.

Die Viktoria hat manche überregional bekannten, erstklassigen Spieler hervorgebracht. Trainer und Nationalspieler Felix Magath (306 Bundesligaspiele, 43 A-Länderspiele) kam von der Viktoria, ebenso wie die Bundesliga-Kicker Rudi Bommer (417 Bundesligaspiele; 20 Spiele in der DFB-Olympia-Auswahl), Peter Löhr (Fortuna Düsseldorf) und später Herbert Hoos (1. FC Kaiserslautern) oder Jochen Seitz (VfB Stuttgart, Schalke 04). Bommer und Löhr kehrten nach vielen Erstligaspielen wieder an den Schönbusch zurück. Claus Reit-

Schönbusch-Stadion

meier stand hier ab 1986 im Tor, später absolvierte er mehr als 300 Bundesliga-Spiele v. a. für den Karlsruher SC und den VfL Wolfsburg. Werner Lorant war von 1990 bis 1992 Viktoria-Trainer, bevor er zu 1860 München wechselte. Die Bundesliga-erfahrenen Trainer Horst Heese und Lothar Buchmann waren zeitweise bei der Viktoria unter Vertrag. Magath, im Stadtteil →*Nilkheim* aufgewachsen, sollte 1989 als Trainer angestellt werden, aber nur in der Zweiten Liga. Und weil der Klassenerhalt damals ganz knapp scheiterte, nahm Magaths Karriere einen anderen, spektakulären Verlauf in der ersten Liga, u. a. beim FC Bayern. Dort hatte der Coach seinen großen Anteil an zwei Meisterschaften und zwei DFB-Pokalsiegen innerhalb von zwei Jahren. In Hamburg, Frankfurt, Stuttgart und Wolfsburg (Meister 2009) verstand er es, die Mannschaften aus dem Tabellenkeller in die Europapokalwettbewerbe zu bringen.

Das Stadion am Schönbusch ist eine der ältesten deutschen Spielstätten: Baujahr 1908/09. 1946, 1993 und 2008 standen Renovierungen an, eine neue Stahlrohr-Haupttribüne kam 1999 hinzu. 8000 Zuschauer finden hier Platz. Das Stadion gehört der Stadt; es wird auch von den Aschaffenburg Stallions, einem American Football-Verein, genutzt.

Villenviertel

Es gibt zwei Villenviertel: eines im westlichen und eines im östlichen Abschnitt der Innenstadt.

In der Ziegelbergstraße und der Pompejanumstraße nahe des →*Schlossgartens* und der Hanauer Straße stehen repräsentative großbürgerliche Anwesen aus der Zeit um 1900.

Die Grünewaldstraße zwischen Hofgartenstraße und Ostring bietet ein Ensemble von Villen aus der Zeit um 1900, die fast alle als Baudenkmäler eingetragen sind. Nicht zuletzt steht hier das 1906 errichtete Karl-Theodor-von-Dalberg-Gymnasium, das stilistisch perfekt zur Umgebung passt. Dicht daneben befindet sich das →*Gentilhaus*.

In der Grünewaldhalle finden Veranstaltungen statt

Volksfest und andere Feste/Märkte

Alljährlich im Juni veranstaltet die Stadt auf dem Festplatz in →Leider (am Mainufer gegenüber dem →Schloss) das elftägige Volksfest. Auf 40 000 Quadratmetern waren zuletzt 74 Anbieter mit ihren Ständen und Buden vertreten. Aneinandergereiht wäre dies eine Vergnügungsmeile von einem Kilometer Länge. Der Festzug mit 1700 Teilnehmern mit Trachten- und Schützenvereinen, historischen Gruppen, Musikkapellen und Pferdegespannen zieht sich traditionell zum Auftakt durch die Innenstadt. Das Volksfest beginnt und endet stets mit einem prächtigen Feuerwerk. Mit 500 000 Besuchern ist hier Jahr für Jahr zu rechnen.

Aschaffenburg ist aber auch Ort verschiedenster weiterer alljährlich wiederkehrender Veranstaltungen.

Im Februar/März lässt sich der typische bunte Aschaffenburger Fastnachtszug im Stadtzentrum erleben.

Ende April gastiert alljährlich der Original Hamburger Fischmarkt auf dem Schlossplatz.

Beim Sandsturm-Kneipenfestival im Mai/ Juni kann man besonders gut die Bars der Innenstadt erkunden.

Anfang Juli präsentieren die Kulturtage das vielfältige Kulturangebot der Stadt. Mit über 100 Veranstaltungen über zehn Tage haben sie ihren Höhepunkt in der Museumsnacht. Im →*Nilkheimer Park* gibt es zu dieser Zeit zudem einen Kinder-Kultur-Tag.

Auch Besucher mit musikalisch anspruchsvollen Ohren können jedes Jahr auf ihre Kosten kommen: etwa bei den Gitarrentagen, den Bachtagen, den Schlosskonzerten oder Schönbusch-Serenaden, bei denen internationale Stars und hochkarätige Musiker auftreten.

Anfang August findet im historischen Ambiente auf →*Schloss Johannisburg* ein Kunsthandwerkermarkt und das Carillonfest statt (→*Carillon*). Am letzten Augustwochenende verwandelt sich Aschaffenburg zum Stadtfest in ein großes Festivalgelände und zieht mit Leckereien, Livemusik und Kabarett viele Besucher an.

Im Winter bietet der hell erleuchtete Adventsmarkt auf dem Schlossplatz ein prächtiges Fotomotiv.

Feuerwerk im Schloss

Wappen

Das Stadtwappen zeigt einen segnenden Sankt Martin, ein Pallium (Bischofsstola) und die Mitra tragend, mit einem goldenen Krummstab in der Hand in einem blauen Gewand. Er thront in einer roten Burg mit vier runden Türmen, blauem Dach und zwei goldenen Turmkugeln.

Das Wappen beruht auf dem Stadtsiegel aus dem Hochmittelalter.

Die Stadtfarben sind Grün-Rot-Weiß. Der Heilige Martin ist Patron des einstigen Erzbistums Mainz. Damit ist die jahrhundertelange Zugehörigkeit Aschaffenburgs zum Erzbistum Mainz zum Ausdruck gebracht. Im Unterschied zu zahlreichen Dörfern der Umgebung wird das Mainzer Stadtwappen – das Rad – hier nicht zitiert.

Wohnkolonien

Die Obernauer Kolonie entstand 1919–1923 als Lehrkolonie für die Meisterschule der Bauhandwerker Aschaffenburg zwischen der Obernauer Straße und dem heutigen Ge-

Österreicher Denkmal ist Namensgeber der Österreicher Kolonie

werbegebiet Bahnweg. Es sollte seinerzeit herausgefunden werden, wie aus Naturstoffen preisgünstiger, aber hochwertiger Wohnraum geschaffen werden kann. In der Zwischenkriegszeit entstanden 125 Häuser mit 200 Wohnungen. Die Obernauer Kolonie ist heute der kleinste Stadtteil mit etwas weniger als eintausend Einwohnern. Die Österreicher Kolonie im Norden der Stadt liegt zwischen dem Nach-

Obernauer Kolonie

Österreicher Kolonie

barort Goldbach, der →*Fasanerie*, der Innenstadt und den Bahngleisen, bzw. →*Damm*. „Namensgeber" war das Österreicher Denkmal, das zu Ehren der österreichischen Soldaten errichtet wurde, die im Gefecht bei Aschaffenburg während des Deutschen Krieges 1866 gefallen waren. Dieses Monument im neugotischen Stil wurde am zweiten Jahrestag der Schlacht enthüllt und steht auf einem flachen künstlichen Hügel an der Denkmalstraße. Auf dem Gelände im Umkreis des Denkmals fand damals ein Großteil der Kämpfe statt.

Die Wohnkolonie entstand zwischen den Weltkriegen. Beginnend am 30. Oktober 1918 errichteten Wohnungsgesellschaften 251 Häuser mit 800 Wohnungen. Heute leben in diesem Stadtteil etwa 1600 Einwohner.

Zeitung

Vor 1933 las man in Aschaffenburg den „Beobachter am Main" (katholisch) oder die „Volkszeitung" (sozialdemokratisch), während die „Aschaffenburger Zeitung" zur NSDAP gehörte. Nach 1945 setzte sich die überparteiliche Presse auch in Aschaffenburg durch.

Das Main-Echo, 1945 lizenziert, ist die einzige lokale Tageszeitung: Sie erscheint sechsmal pro Woche. Lokalausgaben gibt es für die Landkreise Miltenberg und Main-Tauber.

Die Druckauflage betrug im 3. Quartal 2018: 66 470 Exemplare. Zum allergrößten Teil (61 137 Exemplare einschließlich e-papers) wird das Main-Echo im Abonnement geliefert.

Die Internet-Ausgabe kann unter www.main-echo.de abgerufen werden. Chefredakteur ist Martin Schwarzkopf.

Die Verlag und Druckerei Main-Echo GmbH und Co. KG ist ein eigenständiges Unternehmen und damit unabhängig von Verlagen und Verlagsgruppen. Der Sitz ist in der Weichertstraße 20, also im nördlichen Gewerbegebiet Aschaffenburgs. Dort wird auch die Zeitschrift „Spessart" hergestellt, die als Organ des Spessartbunds dient und Artikel über Geschichte und Natur des Mainvierecks enthält.

Main-Echo Verlag und Druckerei

Chronik von 947 bis heute

um 947–57: Gründung des Kollegiatstifts St. Peter und St. Alexander durch Herzog Liudolf von Schwaben.
974: Erste urkundliche Erwähnung.
ab 975: Bau der Stiftskirche.
982: Stadt und Stift Aschaffenburg gehen in das Erzstift Mainz unter Erzbischof Willigis über.
989: Erzbischof Willigis lässt am heutigen Standort der Willigisbrücke eine erste Holzbrücke über den Main bauen.
1122: (Neu)Befestigung durch Erzbischof Adalbert I. von Saarbrücken. Möglicherweise Bau der Burg auf dem heutigen Schlossplatz.
1144: Aschaffenburg wird das Marktrecht zugesprochen.
1155: Aschaffenburg erhält die Münzerlaubnis.
1161: Aschaffenburg erhält das Stadtrecht.
1220: Stiftsdekan Godeboldus lässt den ersten Weinberg auf dem Godelsberg anlegen. Eventuell erst zu dieser Zeit Bau der Burg.
1236: Erstmals urkundlich belegtes Stadtsiegel aus Wachs, das das Stadtwappen überliefert.

1254–57: Aschaffenburg ist Mitglied des Rheinischen Städtebundes.
1331: Erste Erwähnung eines Bürgermeisters und Stadtrats.

1346: Aschaffenburg wird Mitglied des kurmainzischen Neunstädtebundes. Erzbischof Heinrich III. von Virneburg erlässt ein neues Stadtrecht.
um 1440: Das Schöntal wird als Tiergarten angelegt.
1516: Matthias Grünewald wird mit der Erstellung von Altargemälden für die Stiftskirche beauftragt.
1520: Pestausbruch in Aschaffenburg.
1525: Der Bauernkrieg führt zum Verlust von Stadtprivilegien und zur Aberkennung des Stadtwappens.
1533: Erneuter Pestausbruch.
1541: Der Mainzer Kurfürst und Erzbischof Albrecht von Brandenburg muss im Zusammenhang mit der Reformation aus Halle fliehen und verlegt seinen Sitz

Erzbischof Albrecht von Brandenburg als hl. Erasmus, von Matthias Grünewald (Ausschnitt) um 1520

nach Aschaffenburg. Von hier aus führt er den Schriftwechsel zum Ablasshandel mit Martin Luther.

1547: Besetzung und Plünderung der Stadt durch den Grafen von Oldenburg.

1594: Beginn von zahlreichen Hexenprozessen in kurmainzischen Gebieten.

1552: Die alte Burg wird im Zuge des Markgräflerkrieges zerstört.

1605: Erzbischof und Kurfürst Johann Schweikhard von Kronberg lässt das Schloss Johannisburg bauen, das 1618/19 fertiggestellt wird und den Mainzer Erzbischöfen und Kurfürsten als Zweitresidenz dient.

1606: Erneute Pestepidemie.

1618–48: Dreißigjähriger Krieg.

1619–21: Bau der Jesuitenkirche.

1626: Das Kapuzinerkloster gründet sich.

1635: Erneuter Pestausbruch.

1673: Französische Truppen besetzen kurzzeitig die Stadt und verwüsten sie.

1673–81: Bau des Schönborner Hofs.

1688: Die Stadt wird vom sächsischen Kurfürsten Johann Georg III. eingenommen.

1775: Kurfürst Friedrich Karl Joseph von Erthal initiiert die Umsetzung von Park Schönbusch.

1779: Die Fasanerie entsteht.

1780: Die Gestaltung des Nilkheimer Parks beginnt. Um diese Zeit wird Park Schöntal umgestaltet.

Friedrich Karl Joseph von Erthal hat, als letzter Kurfürst von Mainz, einige bedeutende Bauvorhaben in Aschaffenburg realisiert (Gemälde von Georg Anton Urlaub, 1786)

1798: Mainz wird von Frankreich erobert und so wird Aschaffenburg der Regierungssitz des Erzstiftes Mainz.

1803: Mit dem Reichsdeputations-hauptschluss entsteht das Fürstentum Aschaffenburg unter der Herrschaft von Karl Theodor von Dalberg.

1808: Dalberg gründet die Karls-Universität Aschaffenburg, die nach der Aberkennung des Universitäts-status 1818 noch bis 1873 als akademische Ausbildungsstätte fortbesteht.

1809: Errichtung des Altstadtfriedhofs.

1810: Das Fürstentum Aschaffenburg wird Teil des Großherzogtums Frankfurt.

1811: Bau des Stadttheaters.

1814: Aschaffenburg gehört infolge des Pariser Vertrages von nun an zu Bayern.

1836: König Ludwig I. von Bayern gibt der Stadt ihr altes Wappen zurück.

1842: Clemens Brentano stirbt in Aschaffenburg.

1840–48: Ludwig I. von Bayern lässt das Pompejanum errichten.

1854: Eröffnung des Hauptbahnhofes und Inbetriebnahme der Ludwigs-West-Bahn.

1861: Das 1854 gegründete städtische Museum zieht in das ehemalige Stiftskapitelhaus (Stiftsmuseum).

1866: Während des Deutschen Krieges finden die „Gefechte bei Aschaffenburg" statt.

1880: Der Maler Ernst Ludwig Kirchner wird in Aschaffenburg geboren.

1901/02: Die Fußballvereine „FC Aschaffenburg" und „FC Viktoria Aschaffenburg" gründen sich und fusionieren kurze Zeit später.

1904: Der Geschichtsverein der Stadt gründet sich. Rudolf Kempf eröffnet in Aschaffenburg die erste „Autolenkerschule" Deutschlands.

1909–10: Das Gentilhaus entsteht.

1918–19: Im Zuge der Ausrufung der Republik in Deutschland (Novemberrevolution) kommt es auch in Aschaffenburg zu mehreren Aufständen.

1927: Der Kunstverein gründet sich.

1944/45: Durch Luftangriffe und Belagerung werden große Teile der Stadt zerstört.

ab 1956: Städtepartnerschaft mit Perth (Schottland).

1957: Jubiläumsjahr zum 1000-jährigen Bestehen von Stift und Stadt.

1958: Das Rathaus wird fertiggestellt. Der Stiftskirche wird der päpstliche Ehrentitel einer ‚Basilica minor' verliehen. Aschaffenburg wird an die Autobahn A3 angeschlossen.

ab 1978: Guido Knopp initiiert die zeitgeschichtliche Diskussionsreihe der Aschaffenburger Gespräche, die jährlich bis 2008 stattfinden.
1974: Die City-Galerie eröffnet.
ab 1975: Städtepartnerschaft mit St. Germain-en-Laye (Frankreich).
1991: Errichtung der Stadthalle und der f.a.n. frankenstolz arena.

1995: Die Technische Hochschule nimmt den Lehrbetrieb auf.
ab 1996: Städtepartnerschaft mit Miskolc (Ungarn).
2007/14: 400-Jahr-Jubiläumsfeier zum Schloss Johannisburg.
2013: Eröffnung des Kirchnerhauses.
2020: Eröffnung des Christian Schad Museums.

Postkartenmotiv von 1913

Literatur

1. Gedruckte Literatur

Jost Albert / Werner Helmberger: Der Landschaftsgarten Schönbusch bei Aschaffenburg. Worms 1999

Christian-Schad-Stiftung Aschaffenburg (Hrsg.): Christian Schad 1894–1982. Werkverzeichnis I: Malerei

Monika Ebert: Die Dessauers. Eine Aschaffenburger Unternehmerfamilie im 19. und 20. Jahrhundert. Aschaffenburg 2018

Roman Fischer: Aschaffenburg im Mittelalter. Aschaffenburg 1989

Martin Goes: Der geteilte Brentano-Nachlass. In: Aschaffenburger Jahrbuch, Bd. 11/12 (1989), S. 415–424

Ina Gutzeit / Hauke Kenzler: Kreisfreie Stadt Aschaffenburg. Ensembles. Baudenkmäler. Bodendenkmäler (Reihe Denkmäler in Bayern, Bd. VI 71), München 2015

Michael Habersack: Friedrich Dessauer 1881–1963. Eine politische Biographie des Frankfurter Biophysikers und Reichstagsabgeordneten. Paderborn 2011

Ingrid Jenderko-Sichelschmidt / Markus Marquaert / Gerhard Ermischer: Stiftsmuseum der Stadt Aschaffenburg. München 1994

Martin Kempf: Dämmer Leben Dämmer Leut'. Fotodokumentation. Aschaffenburg 1992

Guido Knopp: Meine Geschichte. München 2017

Almut König: Aschaffenburger Dialekt im Sprachatlas von Unterfranken (SUF). In: Aschaffenburger Jahrbuch Bd. 28 (2010), S. 383–390

Peter Körner: Die Löwen-Apotheke zu Aschaffenburg. Geschichte. Zerstörung. Rekonstruktion. Aschaffenburg 1996

Roger Martin: Politische Parteien und Wahlen in Aschaffenburg 1848–1918, Aschaffenburg 1992

Thomas Richter: Pracht und Glaube des Mittelalters. Der Stiftsschatz St. Peter und Alexander. Aschaffenburg 2009

Edgar Röhrig (Hrsg.): Die Stiftskirche St. Peter und Alexander Aschaffenburg. Regensburg 1999

Brigitte Schad (Hrsg.): Die Aschaffenburger Brentanos. Beiträge zur Geschichte der Familie aus unbekanntem Nachlaß-Material. Aschaffenburg 1984

Agnes Schönberger: „Ich bin am Bahnhof geboren". In: Aschaffenburger Jahrbuch, Bd. 29 (2013), S. 421–424

Stadt Aschaffenburg (Hrsg.): Stadttheater Aschaffenburg 1811–1981. Aschaffenburg 1981

Stadt Aschaffenburg (Hrsg.): 200 Jahre Theater Aschaffenburg 1811–2011. Aschaffenburg 2011

Stadt Aschaffenburg (Hrsg.): Das Rathaus von Aschaffenburg. Ein neu entdecktes Baudenkmal der Fünfziger-Jahre. Aschaffenburg 2014

Alois Stadtmüller: Aschaffenburg im Zweiten Weltkrieg. Bombenangriffe Belagerung Übergabe. Aschaffenburg 1970

Erich Stenger: Die Steingutfabrik Damm bei Aschaffenburg 1827–1884. Aschaffenburg 1990

Albrecht Sylla / Martin Hahn / Roland Ebert: Blickwinkel Aschaffenburg. Ein Gang durch die Stadt und ihre Geschichte. Aschaffenburg 2010

Kati Wolf: Das Gentilhaus (Museen der Stadt Aschaffenburg). Aschaffenburg 1989

Inhalt

Titelbild: Schloss Johannisburg
Bild auf der Rückseite: Pompejanum

Fotos: S. 41, 42: bayernhafen Aschaffenburg; S. 46/47: Hotel Wilder Mann; S. 50/51: Papier Deutsch-land GmbH; S. 60: Sven Mamdel: S. 96, 98, 99: Stadt Aschaffenburg; S. 8, 21, 27, 32, 61 (2), 63, 133, 134, 136: Wikimedia Commons; S. 19: Wikimedia Commons, TUBS, CC BY-SA 3.0; S. 76: Wikimedia Commons, ekpah, CC BY-SA 3.0
Alle anderen Fotos von Stefan Winckler
Wir bedanken uns bei bayernhafen Aschaffenburg, Hotel Wilder Mann, DS Smith und der Stadt Aschaffenburg für die rasche Überlassung der bestellten Fotos.

Bibliografische Information der Deutschen Nationalbibliothek

Die Deutsche Nationalbibliothek verzeichnet diese Publikation in der Deutschen Nationalbibliografie; detaillierte bibliografische Daten sind im Internet über http://dnb.dnb.de abrufbar.

© 2020 by Husum Druck- und Verlagsgesellschaft mbH u. Co. KG, Husum
Gesamtherstellung: Husum Druck- und Verlagsgesellschaft
Postfach 1480, D-25804 Husum – www.verlagsgruppe.de
ISBN 978-3-89876-959-4